Anne Katrin Matyssek

Stark im Job

Wie Sie Ihre psychische Gesundheit schützen

Ausführliche Informationen zu jedem unserer lieferbaren und geplanten Bücher finden Sie im Internet unter ↗ http://www.junfermann.de. Dort können Sie unseren Newsletter abonnieren und sicherstellen, dass Sie alles Wissenswerte über das Junfermann-Programm regelmäßig und aktuell erfahren. – Und wenn Sie an Geschichten aus dem Verlagsalltag und rund um unser Buch-Programm interessiert sind, besuchen Sie auch unseren Blog: ↗ http://blogweise.junfermann.de.

ANNE KATRIN MATYSSEK

STARK IM JOB

WIE SIE IHRE PSYCHISCHE GESUNDHEIT SCHÜTZEN

Junfermann Verlag
Paderborn
2012

Coverfoto © Helder Almeida – Fotolia.com

Covergestaltung / Reihenentwurf Christian Tschepp

Satz JUNFERMANN Druck & Service, Paderborn

Bibliografische Information der Deutschen Bibliothek

Die Deutsche Bibliothek verzeichnet diese Publikation in der Deutschen Nationalbibliografie; detaillierte bibliografische Daten sind im Internet über http://dnb.ddb.de abrufbar.

ISBN 978-3-87387-889-1

Dieses Buch erscheint parallel als E-Book (ISBN 978-3-87387-898-3).

Inhalt

Vorwort: Die Psyche fit machen für die Arbeitswelt von morgen

Sie wollen auch weiterhin einen guten Job machen, aber die Belastungen an Ihrem Arbeitsplatz werden immer größer? Und nun fürchten Sie um Ihre Gesundheit – die körperliche, aber auch die seelische? Damit sind Sie nicht allein. Ende März 2012 konnte man überall lesen, dass Stress, Hetze und Arbeitsverdichtung zunehmen. Nach einer Studie des Deutschen Gewerkschaftsbundes arbeitet jeder zweite Deutsche unter Zeitdruck; und noch mehr klagen über die wachsende Arbeitslast.

Da wundert es nicht, dass auch psychische Erkrankungen branchenübergreifend auf dem Vormarsch sind. Viele Beschäftigte sehen eine Ursache hierfür in den Arbeitsbedingungen. Immer mehr Betriebe ergreifen erfreulicherweise Maßnahmen zur Gesundheitsförderung, und die besten unter ihnen tun auch etwas zum Abbau gesundheitsschädigender Einflüsse. Aber auch das Individuum selbst kann etwas tun – also Sie!

Gesundheitsfördernde Faktoren zu stärken ist für den Einzelnen häufig leichter zu bewerkstelligen als gesundheitsschädigende Faktoren abzubauen. Je stärker die Psyche ist, desto widerstandsfähiger ist sie auch. Anders ausgedrückt: Man muss nicht unbedingt kündigen. Oft genügt es, das seelische Gleichgewicht zu festigen, um sich den Anforderungen im Job gewachsen zu fühlen. Dies wird im ersten Teil des Buchs beschrieben.

Eine starke Psyche ist ein Geschenk. Aber Sie können auch etwas dafür tun!

Den Hauptteil des Buches machen daher Bausteine zur Stärkung der seelischen Gesundheit aus. Hier finden Sie konkrete, auf verhaltenstherapeutischen und gesundheitspsychologischen Erkenntnissen basierende Tipps für die Pflege Ihres psychischen Gleichgewichts. Sie erfahren, was Sie tun können, um Ihre Stimmung, Ihr Selbstwertgefühl und Ihr Sozialleben zu verbessern. Und Sie bekommen Anregungen zur Förderung Ihrer Erholungsfähigkeit.

Im dritten Teil erfahren Sie, wie Sie gesundheitsgefährdende Faktoren reduzieren können. Hierzu gehört, dass Sie mit Anerkennungsmangel fertig werden und sich abgrenzen können gegen übermäßige Leistungsanforderungen – „Nein-Sagen“ wird die Schlüsselkompetenz der Zukunft. Das Buch vermittelt Ihnen, wie Sie dies umsetzen können. Vielleicht möchten Sie sogar innerbetrieblich für eine Ent-Tabuisierung psychischer Erkrankungen eintreten; auch hierzu erhalten Sie Tipps.

Während die meisten Menschen einiges darüber wissen, wie sie ihre körperliche Gesundheit fördern können, herrscht bislang große Unwissenheit darüber, wie sich die seelische Gesundheit schützen und fördern lässt. Das Buch gibt Ihnen Tipps an die Hand, wie Sie trotz des Stresses seelisch stabil bleiben können.

Viel Spaß und Erfolg beim Umsetzen, und eine allzeit starke Psyche! Das wünscht Ihnen von Herzen

Ihre Anne Katrin Matyssek

Teil 1

Wie steht es um Ihre psychische Gesundheit?

1. Sind wir alle verrückt geworden? Die Zunahme psychischer Erkrankungen

Die Krankenkassen sind sich einig: Es gibt einen dramatischen Anstieg seelischer Störungen. Schon heute ist jeder zehnte Arbeitsunfähigkeitstag auf eine psychische Erkrankung zurückzuführen. Dabei arbeiten wir weniger als unsere Vorfahren und verfügen über deutlich mehr Freizeit. Sind wir alle Mimosen? Diese Unterstellung würden auch Sie vermutlich weit von sich weisen, oder?

1.1 Psychische Erkrankungen sind auf dem Vormarsch

Die Entwicklung ist deutlich

Die Zahlen sprechen eine deutliche Sprache: Jeder vierte erwachsene Europäer leidet einmal im Leben unter einer psychischen Störung. Insbesondere Depressionen und Angststörungen sind weit verbreitet. Voraussichtlich wird die Depression im Jahr 2020 die zweithäufigste Erkrankungsursache sein. Es macht also keinen Sinn, vor der Zunahme psychischer Erkrankungen die Augen zu verschließen; die Zahl wird nicht von allein wieder sinken.

Auch das Arbeitsleben ist davon betroffen: Psychische Erkrankungen verursachen die längsten Fehlzeiten. Und auch wenn die Betroffenen anwesend sind, ist ihre Leistungsfähigkeit häufig eingeschränkt. Gleichzeitig wird die Arbeit oft als Mitverursacher dieser Entwicklung angesehen, der die Betriebe zukünftig mehr Aufmerksamkeit schenken sollten: Der demographische Wandel lässt gut ausgebildete Beschäftigte zum raren Gut werden, das von den Unternehmen entsprechend gepflegt werden muss.

Man könnte also meinen, psychische Erkrankungen wären in jedermanns Munde und auch in Unternehmen ständiges Gesprächsthema. Weit gefehlt. Oder wird in Ihrem Unternehmen darüber gesprochen, wie man mit Kollegen umgehen sollte, die sich in psychischer Hinsicht auffällig verhalten? Oder darüber, wie sich Arbeitsstress durch Veränderungen der Arbeitsbedingungen reduzieren ließe? Falls ja: Gratulation!

Leugnen hilft nicht

Das Thema ist in vielen Lebensbereichen noch immer tabubehaftet. Bei meinen Seminarveranstaltungen mit Führungskräften habe ich oft gemerkt: Auch in der Arbeitswelt gehört das Thema für viele Unternehmen noch immer unter den Teppich, ähnlich wie früher das Thema Sucht. Damals hieß es, egal in welchen Betrieb man kam: „Wie? Alkoholprobleme?! So etwas gibt's bei uns nicht!" Und es dauerte lange, bis auch Unternehmensleitungen überzeugt waren, dass ihre Belegschaft (bis in die Führungsriege!) ein Abbild der Gesellschaft darstellt. Und das bedeutet: 5 bis 10 % aller Menschen sind suchtgefährdet.

Und heute also die psychischen Erkrankungen. „Haben wir nicht!" – sagt die Geschäftsleitung, bis eine Krankenkasse den ersten Gesundheitsbericht anfertigen darf. Basierend auf einer anonymen Befragung ist dann Schwarz auf Weiß zu sehen: Das Phänomen macht vor keinem Unternehmen halt. Psychische Erkrankungen sind auf dem Vormarsch, und zwar in allen Branchen. Vermutlich nehmen auch in Ihrem Betrieb die Fälle zu.

Gesellschaftliche Gründe für die Zunahme psychischer Erkrankungen

Sind wir alle verrückt geworden? Mit Sicherheit nicht. Es gibt mehrere Ursachen für den rasanten Anstieg psychischer Erkrankungen. Da ist zum einen das veränderte Diagnostikverhalten der Ärzte: Wo früher eine Frischzellenkur verschrieben wurde, schauen Ärzte heute genauer hin, ob sich nicht vielleicht eine Depression hinter der Antriebslosigkeit verbirgt. Wahrscheinlich gibt es gar nicht viel mehr psychische Erkrankungen als früher, aber sie werden heute besser und schneller erkannt.

Auch gesamtgesellschaftlich sind in den vergangenen Jahrzehnten große Veränderungen zu verzeichnen: Psychische Erkrankungen haben die Tabuzone verlassen. Die gesellschaftliche Akzeptanz ist deutlich gestiegen. Noch vor 30 Jahren wäre es unmöglich gewesen, sich am Arbeitsplatz dazu zu bekennen, dass man eine ambulante Psychotherapie macht. Man hätte mit sozialer Ausgrenzung rechnen müssen und mit Sätzen wie: „Gehörst du also eigentlich in die Klappse und hast heute bloß Ausgang?"

Diese Zeiten sind vorbei. Immer mehr Menschen haben verstanden, dass es neben der körperlichen Gesundheit auch eine psychische gibt. Und dass beide Aspekte des Wohlbefindens beeinträchtigt sein können – nicht zuletzt aufgrund der Veränderungen in der Arbeitswelt. Vermutlich sehen Sie das genauso, sonst hätten Sie nicht dieses Buch gekauft.

Gründe in der Arbeitswelt: Arbeiten geht heute anders

Im Gegensatz zu unseren Vorfahren arbeiten wir heute in der Regel weniger körperlich. Dafür haben aber psychische Belastungen stark zugenommen: Zeitdruck, Reizüberflutung, Multitasking – das sind Anforderungen, die in der Arbeitswelt unserer Eltern und Großeltern so gut wie gar nicht vorkamen.

Auch die Entgrenzung der Arbeit war kein so großes Thema: Wenn Sonntag war, war Sonntag. Heute werden am Sonntagabend die Mails gecheckt, damit man am Montag überhaupt sein Pensum schaffen kann. Ständige Erreichbarkeit, Rufbereitschaft bis in den Feierabend oder sogar bis in den Urlaub – das erschwert echte Erholung. Man muss aber topfit sein, um den Anforderungen am Arbeitsplatz überhaupt gerecht werden zu können. Das kennen Sie bestimmt auch von sich selbst.

Viele Beschäftigte klagen über Arbeitsverdichtung: Immer weniger Menschen müssen Arbeitsmengen bewältigen, die früher auf viel mehr Köpfe verteilt waren. Die Schlagzahl hat sich quasi erhöht. Zeiträume für Kurzpausen wurden wegrationalisiert, Handlungsspielräume verkleinert. Die Zeit für Entscheidungsprozesse hat sich stark verkürzt. E-Mails müssen möglichst sofort beantwortet werden. Das Leben ist schneller geworden.

Mehr Mobilität, mehr Flexibilität, weniger Sicherheit

Daneben ist auch das Privatleben komplexer geworden. Es gibt heute weniger Sicherheit als noch vor drei oder vier Jahrzehnten, auch in Sachen Lebensplanung. Es wird mehr Flexibilität gefordert. Früher machte man eine Ausbildung, blieb in dem Unternehmen oder bewarb sich einmal woanders hin – und dann blieb man in diesem Betrieb, bis zur Rente. Heute sind mehrere Unternehmens- und sogar Tätigkeitswechsel im Lebenslauf ein Hinweis auf die hochangesehene Eigenschaft „Flexibilität".

Zu den Anforderungen der modernen Gesellschaft gehört wie selbstverständlich auch die Bereitschaft zur Mobilität. Mehrere Flugstrecken pro Woche (bisweilen sogar pro Tag) sind in manchen Jobs die Norm. Fernbeziehungen, bei denen man sich nur am Wochenende sieht, oder auch befristete Arbeitsverträge sowie Leiharbeit erschweren eine solide Lebensplanung, wie sie für unsere Vorfahren noch möglich war. Wir wissen heute in der Regel nicht, wo wir in zehn Jahren tätig sein und was wir dann arbeiten werden. Das liefert den Nährboden für Existenzängste.

Die Bindungen, die man zu Kollegen aufbaut, knüpft man quasi unter Vorbehalt. Es kann ja sein, dass man sich in ein paar Monaten wieder von diesen Menschen verabschieden muss, weil man anderswo einen Job annimmt. Also lässt man sich gar nicht erst wirklich auf diese Beziehungen ein, auch aus Selbstschutz. Das Ausbilden stabiler sozialer Netze, die Halt geben könnten, wird damit erschwert.

Die Belastungen werden zunehmen

Die Anforderungen am Arbeitsplatz werden in Zukunft immer weiter wachsen. Wir sollten daher versuchen, unsere Ressourcen zu stärken, damit wir ihnen gewachsen sind. Und damit sind wir beim Thema dieses Buches, nämlich bei der Frage, was das Individuum tun kann. Die eigentlich noch wichtigere Frage in diesem Zusammenhang ist, was das Unternehmen tun kann. Darum geht es in diesem Buch nur am Rande; im letzten Kapitel finden Sie dazu ein paar Anregungen. Der Schwerpunkt liegt also auf der Frage: Was können Sie selbst tun?

Falls Sie sich schon länger mit dem Thema „psychische Gesundheit in der Arbeitswelt“ beschäftigen, werden Sie auch häufiger Sätze gehört haben wie: „Ein Guter hält's aus – um einen Schlechten ist es nicht schade“, „Nimm dich mal zusammen“ oder „Stell dich nicht so an“. Die Haltung, die hier zum Ausdruck kommt, ist weder angemessen noch zielführend im Sinne eines gesünderen oder sogar gesundmachenden Miteinanders.

Da die Belastungen nicht von alleine wieder weniger werden, müssen wir nach Möglichkeiten Ausschau halten, uns selbst, aber auch Kolleginnen und Kollegen auf wirkungsvollere Weise den Rücken und die Seele zu stärken. Das fällt uns leichter, wenn wir ein Grundverständnis davon haben, wie sich Belastungen auf die Psyche auswirken. Und genau dazu soll dieses Buch beitragen.

Das Fazit dieses Unterkapitels lautet:
Da die Belastungen weiter zunehmen werden, sollten Sie sich stärken!

1.2 Warum es „schick“ ist, einen Burnout zu haben

Auszeichnung statt Makel

Psychisch krank sein – das will keiner. Aber einen Burnout zu haben – das kann man sich vielleicht gerade noch vorstellen, es klingt viel weniger bedrohlich. Burnout bedeutet auf Deutsch „Ausgebrannt-Sein“. Das beinhaltet: Man hat sich vorher stark für den Job engagiert. „Ausbrennen kann nur, wer einmal gebrannt hat.“ So wie früher der Herzinfarkt, scheint heute der Burnout eine Art Auszeichnung der Fleißigsten darzustellen. Auch Aufopferungsbereitschaft schwingt in dem Ausdruck mit.

Bei einer Depression ist eher eine Schuldzuschreibung üblich, die zum Beispiel so aussieht: „Der Mensch ist zu schwach für diese Welt.“ Er ist also selber schuld. Mit Burnout hingegen assoziiert man respektvolle Gedanken wie: „Respekt, wie der sich immer reingehängt hat“ bis hin zu: „Die würde bestimmt lieber weiterhin so ranklotzen als jetzt in Kur zu gehen“. Und man gibt eher den überlastenden Arbeitsbedingungen die „Schuld“ als dem Einzelnen. Das ist einer der Gründe dafür, dass das Thema Burnout derzeit einen Boom erlebt.

Auszeiten werden salonfähig

Wir alle wollen gern gut vor uns und anderen dastehen; wir wollen lieber stark als schwach wirken, lieber fleißig als faul – und erst recht wollen wir nicht als überfordert angesehen werden. Die sogenannte „Diagnose Burnout“ liefert dazu eine Möglichkeit, denn sie wird nicht als Stigma empfunden. Mit ihrer Hilfe kann man das eigene Überlastungsempfinden einordnen, ohne sich selbst schuldig zu fühlen, denn man kann sagen: „Die Arbeit hat mich krank gemacht.“

Es werden zwar durchaus auch personenbezogene Risikofaktoren für Burnout diskutiert wie zum Beispiel geringes Selbstvertrauen oder Perfektionismus. Trotzdem scheint die Arbeit der Hauptverursacher zu sein, wenn man den Medienberichten und Erzählungen Betroffener Glauben schenken darf. Wie Sie sehen werden, liegt in diesem Erklärungsmuster eine große Chance für Betroffene wie für Betriebe.

„Ich habe einen Burnout“ dient als gesellschaftlich akzeptierte Begründung dafür, dass man eine Auszeit braucht. Der Mensch ist nun einmal nicht endlos belastbar. Niemand ist das, aber dank „Burnout“ kann man endlich auch öffentlich dazu stehen. Und man kann sogar zugeben, dass man psychische Probleme hat. Die Schamgefühle, professionelle Unterstützung in Anspruch zu nehmen, fallen ebenfalls weg.

Keine richtige Diagnose

Burnout ist keine medizinische Diagnose im eigentlichen Sinne. In der Internationen Klassifikation von Krankheiten (ICD), die von der Weltgesundheitsorganisation herausgegeben wird, kommt er als eigenes Krankheitsbild gar nicht vor.

Mit Burnout bezeichnet man weniger einen Zustand als vielmehr einen Prozess, der im Endstadium einer Depression gleicht. Zu diesem Prozess gehören Symptome wie anhaltende Erschöpfung, Unzufriedenheit mit der eigenen Leistung sowie Arbeitsüberdruss bis hin zum Zynismus.

Berufliche Überlastung steht am Anfang einer Entwicklung, die nicht zwangsläufig im Burnout enden muss! Sie kann auch einen anderen Verlauf nehmen – und dazu will das Buch beitragen, indem es Ihnen Tipps gibt für einen veränderten, gesünderen Umgang mit den beruflichen Belastungen.

Der Charme der sogenannten „Burnout-Diagnose“

Der Begriff „Burnout“ hat durchaus sein Gutes: Er hat nämlich das Thema Psyche salonfähig gemacht! Endlich ist es möglich geworden, auch am Arbeitsplatz über psychische Auffälligkeiten zu sprechen, ohne sich der Gefahr der Stigmatisierung auszusetzen. Man tut sich leichter, der Führungskraft mitzuteilen, dass man einen Burnout hat, als dass man an einer depressiven Episode leidet. Genau darin liegt die Chance der aktuellen Diskussion! Endlich redet man über psychische Gesundheit und sucht gemeinsam Wege zu einem Abbau von Überforderung.

> Der Vollständigkeit halber sei angemerkt: Eine Reihe von Wissenschaftlern und Therapeuten findet, dass leider genau darin auch eine Gefahr liegt. Sie befürchten, dass echte Depressionen zu spät erkannt werden und die falschen Maßnahmen ergriffen werden. Während zum Beispiel bei Burnout ein langer Urlaub als Auszeit vom Job Sinn macht, ist diese Empfehlung bei einer Depression genau kontraindiziert. Meine persönliche Meinung dazu lautet, dass Führungskräfte oder Kollegen im Betrieb ohnehin nicht als Diagnostiker oder gar Therapeuten fungieren sollten. Die Grenzen ihrer Unterstützungsmöglichkeiten sind schnell erreicht, und sie sollten bei auffälligen Veränderungen von Beschäftigten rasch professionelle Unterstützung empfehlen, zum Beispiel den Besuch bei einer Sozialberatung.

Dass Burnout als Siegel für Einsatzbereitschaft begriffen wird, kann also nur hilfreich sein. Lassen Sie es dabei! Es geht nicht darum, dass Sie in Ihrem Betrieb aufräumen mit dem diagnostischen Chaos, das den Begriff umgibt. Nutzen Sie stattdessen einfach seine positive Besetzung, um sich für die Interessen der überlasteten Kolleginnen und Kollegen einzusetzen – und vielleicht auch für sich selbst.

Burnout als Trojanisches Pferd

Unter dem Tarnnamen „Burnout“ lässt sich also das Thema „psychische Überlastung“ prima in Unternehmen hineinschmuggeln. Und was den „Etikettenschwindel“ betrifft, so lassen Sie es uns halten mit Abt Notker Wolf vom Orden der Benediktiner. Der sagt: „Wenn einer einen gefühlten Burnout hat, dann ist er krank. Egal wie man das nennt.“

Sie, die Leserinnen und Leser dieses Buchs, sind keine Therapeuten. Sie müssen keine exakte Diagnose kennen. Wenn Sie oder jemand anders sich durch die Arbeit überlastet fühlt, ist es Zeit, etwas dagegen zu tun. Einen ersten Schritt haben Sie schon getan …

Das Fazit dieses Unterkapitels lautet:
Wenn sich jemand überlastet fühlt, muss man das ernst nehmen. Egal, wie man es nennt.

1.3 Die Sache mit der Diagnose ... ist eigentlich unwichtig

Etiketten schwindeln

Der Benediktinerabt hat Recht: Man braucht kein Etikett, um zu erkennen, dass man die eigene Psyche vor Überlastung schützen sollte. Das spürt man. Und der Verstand sagt es auch. Das Bedürfnis nach einem Etikett rührt aus dem Wunsch nach Kontrolle. Was wir einordnen können, erscheint uns nicht mehr so bedrohlich. Es wird in seinem Schrecken begrenzt.

Im Grunde sind alle Diagnosen nur ein Hilfsmittel für den Geist. Die Gewissheit, „dass es kein Einzelfall ist", erleichtert uns den Umgang mit der Erkrankung. Je mehr man über ein bestimmtes Krankheitsbild erfährt, desto „normaler" erscheint es einem. Es beruhigt zu wissen, dass es für das Beängstigende, das man erlebt, Handlungsvorschläge gibt; dass sich also kluge Leute darüber schon einmal Gedanken gemacht haben.

Dabei handelt es sich bei allen Diagnosen immer um Vereinfachungen: Man abstrahiert von konkreten Individuen und tut so, als gäbe es eine homogene Masse von Menschen, die allesamt an denselben Symptomen leiden (zum Beispiel Symptome einer Depression) und dasselbe erleben würden. Und wenn auch jedes Individuum einzigartig ist und Etiketten somit schwindeln: Hauptsache, diese Einordnungsmöglichkeit hilft Menschen dabei, sich zu beruhigen.

Wirksame Botschaft ohne Diagnosenotwendigkeit

Die Botschaft dieses Buches ist im Grunde ganz einfach. Sie ist unabhängig davon, ob jemand an einer Depression, einer Angststörung oder einer Schizophrenie leidet oder generell um seine psychische Gesundheit fürchtet. Sie lässt sich auf den simplen Nenner bringen:

> Das, was Ihre Psyche stärkt: Davon sollten Sie mehr tun.
> Das, was Ihre Psyche schwächt: Das sollten Sie reduzieren.

Klingt einfach? Ist es auch. In der Praxis wird aber leider die erste Aussage oft vergessen. Man fragt sich ausschließlich, wie man Belastungen ausschalten oder sie umgehen könnte. Dabei würde es mindestens genauso gut helfen, sich für den Umgang mit den Belastungen zu stärken. Denn dann verlieren sie ganz schnell ihren Bedrohlichkeitscharakter.

Je stärker und kompetenter man sich in Bezug auf bestimmte Herausforderungen oder Probleme fühlt, desto leichter fällt einem die Bewältigung. Sich selbst mit Kompetenzen ausstatten, den Energie-Akku aufladen, sich ein dickeres Fell zulegen – das lässt sich oft viel leichter bewerkstelligen als Belastungen am Arbeitsplatz abzubauen. In Teil II dieses Buchs finden Sie Tipps zum Aufbau von Ressourcen und in Teil III Anregungen zum Abbau von Belastungen.

ÜBUNG

Was tun Sie schon?

Schon an dieser Stelle können Sie erste Ideen notieren, indem Sie die beiden Kernfragen beantworten:

1. Was schwächt Sie? Wovon wollen Sie in Zukunft weniger machen? (Zum Beispiel: weniger fernsehen, das Handy für zwei Stunden am Tag ausschalten, E-Mails nur noch zweimal am Tag lesen, den Alkoholkonsum einschränken, mich nicht mehr jede Nacht im Bett wälzen mit Grübelgedanken, seltener Pommes mit Majo essen ...)

   ____

   ____

   ____

2. Was stärkt Sie? Wovon wollen Sie in Zukunft mehr machen? (Zum Beispiel: die Wohnung aufräumen, Sport treiben, regelmäßig und am Küchentisch essen, die Kollegin zum Kaffee einladen, mich mit Freunden treffen, ein neues Hobby ausprobieren)

   ____

   ____

   ____

Das Fazit dieses Unterkapitels lautet:
Es lohnt sich immer, die Psyche zu stärken – egal woran man leidet.

Lesetipp:

In diesem Buch geht es in erster Linie darum, die psychische Gesundheit zu erhalten und zu fördern. Psychische Krankheiten stellen also nur ein Randthema dar. Wenn Sie sich tiefgehender über psychische Erkrankungen in der Arbeitswelt informieren möchten, empfehle ich Ihnen die kostenlose Broschüre des BKK-Bundesverbandes und der Familien-Selbsthilfe Psychiatrie:

Psychisch krank im Job – was tun?

Das Heft ist in Papierform erhältlich, lässt sich aber auch kostenlos als PDF downloaden. Es bietet einen leicht verständlichen generellen Überblick über psychische Erkrankungen, aber auch Informationen über einzelne Krankheitsbilder (Diagnosen). Sie finden dort Tipps für Betroffene, aber auch für Menschen in deren Umgebung – auch am Arbeitsplatz – zum Umgang mit der jeweiligen Erkrankung. Außerdem enthält die Broschüre Ratschläge zur Prävention und zur Wiedereingliederung bei der Rückkehr in den Job. Auch ein Kapitel über den Umgang mit akuten Krisen am Arbeitsplatz ist enthalten.

2. Wie geht's Ihrer Seele? – Machen Sie den Selbstcheck!

Ob jemand psychisch gesund oder krank ist, hängt von vielen unterschiedlichen Faktoren ab. Die Erfahrungen in der frühen Kindheit spielen eine wichtige Rolle. Aber zum Glück sind Menschen in der Lage, sich weiterzuentwickeln. Jeder Erwachsene kann etwas beitragen zur Stärkung seiner seelischen Gesundheit – allein oder auch mit professioneller Unterstützung.

2.1 Gesund oder krank? – Die Frage ist Mumpitz

Keine Gegensätze

Wir sind es gewohnt, auch beim Thema Gesundheit in Gegensätzen zu denken: Jemand ist entweder gesund oder er ist krank. So einfach ist das in Wirklichkeit nicht, aber unser Gehirn macht es sich halt gern leicht. Was ist zum Beispiel, wenn man Kopfweh hat? Und was, wenn man an einer Erkältung leidet, aber trotzdem zur Arbeit geht? Oder wenn man im Rollstuhl sitzt, aber ansonsten topfit ist? Ist man dann gesund oder ist man krank?

Bestimmt ist es für Sie längst klar: Bei Gesundheit und Krankheit gibt es kein Entweder-oder – das sind keine Gegensätze! Sie sind eher die Endpunkte einer Skala. Zu 100 % gesund ist man quasi nie. Wenn man von einer Skala ausgeht, bedeutet das auch: Man kann mehr oder weniger krank, und man kann mehr oder weniger gesund sein. Man steht eben irgendwo auf der Linie zwischen den beiden Endpunkten.

gesund ⟷ krank

Bewegung in Richtung Gesundheit

Lassen Sie uns bei diesem Modell noch einen Schritt weitergehen. Jeder Mensch hat also eine bestimmte Position inne auf der Linie zwischen den beiden Polen „gesund" und „krank". Die ist aber nicht statisch, sondern kann sich verändern. Wenn die Kopfschmerzen nachlassen, bewegt man sich hin zum Endpunkt „gesund". Und jetzt wird es spannend: Wir können etwas dafür tun, uns in die eine oder andere Richtung zu bewegen.

Wir können Gesundheit fördern (Krankheit natürlich auch, zum Beispiel indem wir ärztlichen Anweisungen zuwiderhandeln oder trotz körperlicher Beschwerden kranke Gelenke weiter beanspruchen). Damit nähern wir uns wieder stärker dem Pol „gesund“ an. Wie das geht? Lesen Sie mal das folgende Beispiel.

Beispiel: Die Schwiegermutter und das Kopfweh

Angenommen, Sie haben Kopfweh. Und zweitens: Angenommen, Ihre Schwiegermutter kommt zu Besuch, und Sie mögen sie nicht so besonders. Welche Auswirkungen hat der Schwiegermutterbesuch auf Ihr Kopfweh? Es wird vermutlich heftiger.

Und andererseits mal angenommen, Sie sind ein Fußball-Fan, und Ihre Mannschaft bestreitet ein Champions-League-Spiel; es läuft richtig gut für Ihr Team. Was macht das mit dem Kopfweh? Es wird vermutlich nachlassen.

Waren die Kopfschmerzen also nur eingebildet? Ganz bestimmt nicht. Sondern das Beispiel zeigt, dass unser Schmerzempfinden – zum Glück – beeinflussbar ist. Wenn man sich ablenkt, lassen Schmerzen nach, und manchmal verschwinden sie sogar ganz. Wenn man sich andererseits auf Schmerzen konzentriert, werden sie stärker. (Das gilt zumindest in unserem Kulturkreis; Menschen mit asiatischer Herkunft beherrschen oft die Fähigkeit, Schmerzen durch Konzentration aufzulösen).

Gesundheit ist förderbar

Durch Ablenkung können wir Schmerzen reduzieren, ebenso durch Entspannung und Erholung, die den Namen auch verdient. Durch Bewegung und gute Ernährung lässt sich das Immunsystem stärken und widerstandsfähiger machen. Auch im Falle chronischer Erkrankungen kann man seine Gesundheit stärken. Man fühlt sich dadurch vielleicht noch nicht wieder richtig gesund, aber man fühlt sich etwas weniger krank.

Alles, was das Wohlbefinden fördert, bringt uns näher in Richtung „Gesundheit“ und weiter weg vom Pol „Krankheit“. In fast allen Lebenssituationen gibt es irgendwelche Möglichkeiten, zumindest für ein paar Minuten sein Wohlbefinden zu verbessern. In diesem Buch lernen Sie eine ganze Reihe von Möglichkeiten kennen, wie Sie sich dem Gesundheitspol wieder stärker annähern können.

Wer anwesend ist, ist gesund?

Um es noch einmal ganz deutlich zu sagen: Gesundheit und Krankheit sind keine Gegensätze. Das gilt auch fürs Arbeitsleben. Hier wird meist davon ausgegangen: Wer anwesend ist, ist gesund; und wer abwesend ist, der ist krank. So einfach ist das aber nicht. Auch dieser Gegensatz ist konstruiert.

Es gibt zunehmend mehr Menschen, die sich krank an den Arbeitsplatz schleppen; und auf der anderen Seite gibt es in den meisten Unternehmen auch einige (wenige) Beschäftigte, die sich ab und zu eine Auszeit gönnen, obwohl sie sich eigentlich arbeitsfähig fühlen. Die größeren Kosten verursacht übrigens die erste Gruppe, die eigentlich ins Bett gehört, aber trotzdem zur Arbeit kommt. Man spricht auch von „Präsentismus", dessen finanzieller Schaden deutlich über dem des Absentismus liegt.

Das Fazit dieses Unterkapitels lautet:
Jeder Mensch hat zu jedem Zeitpunkt gesunde und kranke Anteile; die gesunden kann man fördern.

2.2 Kleiner Fragebogen zur psychischen Gesundheit

Selbsttest – aber bitte nur mit Vorsicht genießen

Was „psychisch krank“ überhaupt bedeutet, betrachten wir im nächsten Unterkapitel. An dieser Stelle soll es darum gehen, wie stark Ihre psychische Gesundheit ausgeprägt ist. Dazu habe ich einige Fragen formuliert. Sie beziehen sich auf Einstellungen oder Eigenschaften, die nach Meinung von Wissenschaftlern als Ausdruck psychischer Gesundheit gelten können.

Diese Fragenliste erhebt aber keinen Anspruch auf Vollständigkeit. Es handelt sich nicht um ein validiertes Erhebungsinstrument, sondern um eine Zusammenstellung unterschiedlicher Aspekte, die Ihnen lediglich erste Anhaltspunkte liefern kann. Dementsprechend gibt es auch keine punktebezogene Auswertung, wie Sie sie von Zeitschriften kennen, sondern nur eine Tendenzaussage: Je öfter Sie „ja“ gesagt haben (bzw. „nein“ zu den Formulierungen in Klammern), desto gesünder ist vermutlich Ihre Psyche.

Umgekehrt erlauben Ihre „Neins“ (bzw. „Jas“ zu den Fragen in den Klammern) keinen eindeutigen Schluss auf mögliche psychische Erkrankungen. Nehmen Sie sie einfach als Hinweise dafür, ob Sie noch ein bisschen besser auf sich achtgeben sollten.

Ein paar Kriterien, die auf psychische Krankheiten hindeuten können, finden Sie im nächsten Unterkapitel. Jetzt geht es zunächst einmal um psychische Gesundheit bzw. um Stärke.

- Kommen Sie nach Niederlagen oder Tiefschlägen in der Regel wieder gut auf die Beine (Oder hatten Sie schon oft das Gefühl: „Das hat mich umgehauen, und ich habe mich bis heute nicht davon erholt.“)?
- Halten Sie Ihr Leben für überschaubar (oder für zu kompliziert)?
- Haben Sie meistens das Gefühl, Ihr Leben im Griff zu haben (oder fühlen Sie sich durch Ihren Alltag überfordert)?
- Finden Sie Ihr Leben sinnvoll (oder sinnlos)?
- Gibt es Menschen, denen Sie sich anvertrauen können (oder gibt es keine)?
- Finden Sie sich meistens „okay“ (oder finden Sie sich meistens „nicht okay“)?
- Probieren Sie ab und zu etwas Neues aus (oder wagen Sie sich lieber nicht auf unbekanntes Terrain)?
- Fühlen Sie sich meistens wohl in Ihrer Haut (oder wären Sie lieber jemand anders)?
- Üben Sie manchmal Tätigkeiten aus, in denen Sie so stark aufgehen, dass Sie die Zeit vergessen (oder sind Ihnen solche Erlebnisse mit vertiefter Konzentration fremd)?

- Können Sie Ihr Leben im Wesentlichen so leben, wie Sie es wollen (oder fühlen Sie sich oft hilflos)?
- Sind Sie offen für Veränderungen (oder machen sie Ihnen Angst)?
- Können Sie stolz auf sich sein (oder fällt Ihnen das schwer)?
- Pflegen Sie intensive Kontakte zu anderen Menschen (oder sind Sie ein Einzelgänger)?
- Finden Sie, die Gesellschaft hat etwas davon, dass es Sie gibt (oder würde es keinen Unterschied machen, wenn es Sie nicht gäbe)?
- Sind Sie mit Ihrem Sexualleben zufrieden (oder unzufrieden)?
- Würden Sie sagen, dass Sie die wichtigsten Entscheidungen Ihres Lebens selbst getroffen haben (oder haben andere für Sie entschieden)?
- Können Sie andere um Hilfe bitten bzw. ihre Hilfe annehmen (oder tun Sie sich schwer damit, von anderen Menschen Hilfe anzunehmen)?
- Sind Sie tendenziell ein vertrauensvoller Mensch (oder eher ein misstrauischer)?
- Sind Sie mit Ihrer Leistungsfähigkeit meistens zufrieden (oder eher unzufrieden)?
- Können Sie damit leben, dass es Dinge gibt, die Sie nicht ändern können und einfach hinnehmen müssen (oder macht das Ihnen Angst)?
- Wenn Sie auf Ihr Leben zurückschauen: Sind Sie dann mit sich zufrieden (oder gibt es wichtige Dinge, die Sie bereuen und heute anders machen würden)?
- Glauben Sie, dass Sie mindestens so sehr in Ordnung sind wie die meisten anderen Menschen (oder halten Sie andere tendenziell für besser; glauben Sie, dass mit Ihnen etwas nicht stimmt)?
- Ist Ihre Grundstimmung eher neutral bis positiv (oder eher negativ)?
- Erhalten Sie von anderen Menschen ab und zu Bestätigung (oder erhalten Sie überwiegend negative Rückmeldungen)?
- Können Sie sich in arbeitsfreien Zeiten gut erholen (oder fällt Ihnen das Abschalten so schwer, dass Sie sich nur selten wirklich erholt fühlen)?
- Halten Sie Ihr Leben im Wesentlichen für kontrollierbar (oder für nicht kontrollierbar)?

Mit welchem Gefühl wachen Sie im Moment morgens auf?

Die Fragen in dem Selbsttest gerade beziehen sich auf eher grundsätzliche Aspekte psychischer Gesundheit. Sie erfassen quasi Ihre allgemeine Ausrüstung für den Umgang mit Belastungen. Daneben gibt es weitere Kriterien, an denen Sie prüfen können, wie gut es Ihrer Seele in diesem Augenblick geht. Hierzu zählen die aktuelle Qualität Ihres Schlafs, eine Neigung zum Zittern oder Weinen oder auch häufige Überforderungsgedanken („Das ist mir alles viel zu viel").

Auch das Gefühl beim morgendlichen Aufwachen kann ein Signal sein. Wie fühlen Sie sich, wenn der Wecker klingelt? Gut? Ausgeglichen? Als läge ein Stein auf Ihrer

Brust? Oder krampft sich der Magen zusammen? Und wie erleben Sie insbesondere die Nacht von Sonntag auf Montag? Dass man sich jeden Morgen auf die Arbeit freut, wäre sicher zu viel verlangt. Aber wenn Sie jeden Morgen ein Unbehagen verspüren, dann stimmt etwas nicht. Für einen überschaubaren Zeitraum (vielleicht bis zum Ende des aktuellen Projekts, maximal bis zu zwei Monaten) mag es angehen, aber auf Dauer ist das nicht gesund.

Die Seele stärken – das geht immer!

Viele der Einstellungen, die im Selbsttest abgefragt werden, wurden schon früh erworben. Unsere Kindheitserfahrungen spielen eine maßgebliche Rolle für die Frage, wie wir im späteren Leben psychisch dastehen. Es ist nicht jedem vergönnt, liebevoll umsorgt aufzuwachsen. Das mag man bedauern, doch was einem einst widerfahren ist, lässt sich heute nicht mehr ändern.

Aber: Niemand ist zu 100 % das Opfer seiner Kindheit. Auch in späteren Jahren kann man etwas für seine seelische Gesundheit tun! Es ist nie zu spät, die psychische Widerstandskraft zu stärken. Das ist der Grundgedanke dieses Buchs. Konkret bedeutet das für Sie: Bearbeiten Sie die 8 Kapitel in Teil II und Teil III und füllen Sie den Selbstcheck in zwei Wochen ein zweites Mal aus. Und dann schauen Sie, ob Sie es mithilfe der in diesem Buch genannten Tipps geschafft haben, Ihre Seele zu stärken! Und freuen Sie sich über Veränderungen …

Das Fazit dieses Unterkapitels lautet:
Es ist nie zu spät, etwas zur Stärkung der Psyche zu unternehmen.

2.3 Und was heißt das jetzt? Reif für die „Klapse"?

Dauerhaft anders als die Norm

Als „verrückt" gilt im Prinzip alles, was von der Norm abweicht. Was „normal" ist, hängt aber stark von der Umgebung ab. In einer Reihenhaussiedlung gelten beispielsweise andere Normen („Samstags muss man den Rasen mähen; wer das nicht macht, ist schlampig") als in einem Studentenviertel („Nur Spießer putzen ihre Fenster öfter als zweimal pro Jahr; wer zu oft putzt, hat was zu verbergen"). Es kommt auch darauf an, wie häufig und wie lange das abweichende Verhalten anhält und wie stark die Betroffenen hierunter leiden.

Eine niedergedrückte Stimmung, die Befürchtung „Alle haben sich gegen mich verschworen", eine Überängstlichkeit gegenüber Aufzugfahrten oder das Gefühl, neben sich zu stehen, kennen die meisten. Aber ihr Leben wird hierdurch nicht beeinträchtigt, sie bleiben ganz normal leistungsfähig, und die Symptome verschwinden auch nach einiger Zeit wieder. Von einer psychischen Erkrankung spricht man erst, wenn Erleben, Befinden und Verhalten dauerhaft gestört sind, also dauerhaft von der Norm abweichen.

Dann ist in der Regel zumindest phasenweise das normale Leben beeinträchtigt: Die sozialen Kontakte sind hiervon betroffen, indem man z. B. aggressiver wird oder den Kontakt meidet. Das Liebesleben leidet ebenfalls. Man hat zum Beispiel weniger Lust auf Sex, Liebesempfindungen werden seltener, die Offenheit lässt nach. Und natürlich gibt es auch Auswirkungen auf das Arbeitsleben: Die Konzentration ist gestört, die Produktivität lässt nach, Ausfallzeiten häufen sich.

Im Extremfall führt eine psychische Erkrankung dazu, dass man sich oder andere verletzen will.

Was heißt „psychisch krank"?

Zusammengefasst lässt sich sagen: Den Ausdruck „psychisch krank" verwendet man, wenn jemand in seinem Verhalten von der Norm abweicht, einen Leidensdruck verspürt, sich im Alltag beeinträchtigt fühlt und unter Umständen selbst- oder fremdgefährdend handelt. Wie bei körperlichen Erkrankungen gibt es unterschiedliche Schweregrade und unterschiedliche Verläufe. Manche verschwinden nach ein paar Tagen ganz von selbst.

Aber auch wenn die Symptome länger als ein paar Tage andauern: Reif für die „Klapse“, wie es früher hieß, ist man deshalb noch lange nicht. Natürlich kann es im Einzelfall gut tun oder auch rechtlich erforderlich sein, sich für einige Zeit völlig aus der Welt zurückzuziehen, um garantiert weder sich selbst noch andere zu gefährden – aber die Regel ist das nicht. Im Normalfall lässt sich mit einer ambulanten Psychotherapie (einmal wöchentlich 50 Minuten) schon eine gute Stabilisierung erreichen.

Seelische Erkrankungen lassen sich behandeln – manchmal medikamentös, manchmal mithilfe von Psychotherapie, manchmal auch in einem psychiatrischen Krankenhaus oder einer psychosomatischen Klinik. Genau wie bei körperlichen Erkrankungen muss man schauen, welches jeweils das Mittel der Wahl ist.

Ab wann ist es Zeit für professionelle Unterstützung?

Wenn Sie psychische Veränderungen an sich wahrnehmen, die Sie beunruhigen, ist es Zeit, sich einem Profi anzuvertrauen. Wer das sein könnte, schauen wir uns gleich an. Zunächst ein paar Beispiele für solche beunruhigenden Veränderungen. Diese Liste hat ebenfalls keinen Anspruch auf Vollständigkeit; sie soll Ihnen lediglich erste mögliche Anhaltspunkte liefern. Wann immer Sie spüren, dass Ihr Arbeits-, Liebes- oder Sozialleben durch Ihre psychischen Veränderungen beeinträchtigt werden, sollten Sie dies als Alarmzeichen verstehen. Werden Sie zum Beispiel hellhörig bei den folgenden Symptomen:

- morgendliches Früherwachen weit vor dem Weckerklingeln
- dauerhafte Selbstzweifel
- niedergedrückte Stimmung
- Ängste, die das Leben einschränken (bis man sich nicht mehr vor die Tür wagt)
- Energielosigkeit (bis hin zum Nicht-mehr-aus-dem-Bett-Wollen)
- sich aufdrängende Gedanken, die man nicht im Kopf haben will
- Gedanken, die einen wiederholt zu bestimmten Handlungen zwingen (mehrfache Kontrolltätigkeiten wie z. B.: Ist der Herd aus?)
- abergläubisches Verhalten (etwa die Türklinke zweimal anfassen müssen, weil man fürchtet, sonst unrein zu sein)
- häufiges Händewaschen
- Sinneswahrnehmungen, die andere Menschen nicht haben (zum Beispiel: etwas hören, was andere nicht hören)
- wechselnde körperliche Beschwerden ohne organische Ursache
- die Befürchtung, an einer schweren unentdeckten Erkrankung zu leiden

Dass solche Symptome ab und zu zum Leben dazu gehören – diese Erfahrung haben die meisten Menschen schon einmal gemacht. Insbesondere in belastenden Zeiten „spinnt" die Psyche schon mal. Das ist völlig normal, solange die Symptome nach ein paar Tagen wieder verschwinden. Bauen Sie gerade in einer solchen Phase öfter mal Pausen in Ihren Alltag ein, möglichst in Verbindung mit Genusserlebnissen (Anregungen dazu finden Sie in Kapitel 4).

Aber wenn die Symptome länger andauern als zwei Wochen, so die Faustregel, ist es Zeit für professionelle Unterstützung. Andernfalls besteht die Gefahr, dass sich die Symptome chronisch in Ihrem Leben einnisten. Je mehr Zeit Sie ins Land gehen lassen, desto schwieriger wird es, sie wieder loszuwerden. Reagieren Sie hingegen frühzeitig, bestehen optimale Heilungschancen. Je früher Sie also aktiv werden, desto leichter können Sie einer größeren Krise vorbeugen. Davon profitieren nicht nur Sie selbst, sondern auch Ihr Betrieb in Form von weniger Ausfallzeiten und höherer Leistungsfähigkeit.

Innerbetriebliche Ansprechpartner

Falls es in Ihrem Unternehmen eine Sozialberatung gibt, ist sie die Anlaufstelle erster Wahl. Die dort Tätigen unterliegen in der Regel (zur Sicherheit vorher klären!) der Schweigepflicht. Sie kennen sich im Betrieb aus, können Ihnen aber auch Ansprechpartner außerhalb des Unternehmens nennen. Häufig sind Sozialberaterinnen und -berater sehr gut vernetzt; sie kennen die Berater- und Therapeutenszene am Ort und können gegebenenfalls auch bestimmte Kliniken empfehlen oder direkt den Kontakt dorthin herstellen.

Der Betriebsarzt weiß ebenfalls oft Rat. Auch Mitglieder des Betriebsrats können Vertrauenspersonen sein. Der Betriebsrat steht auf Ihrer Seite und kann Sie unterstützen, auch im Gespräch mit Ihrem Vorgesetzten. Sich an den Betriebsrat zu wenden, erfordert allerdings ein bisschen Mut und einen Vertrauensvorschuss: Sie müssen sich darauf verlassen, dass diese Menschen angemessen mit den vertraulichen Informationen umgehen. Falls Sie dieses Vertrauen nicht haben oder das Klima in Ihrem Unternehmen eher schlecht ist und die Offenheit gering, ist es Ihnen vielleicht lieber, sich an kompetente Stellen außerhalb des Betriebs zu wenden.

Außerbetriebliche Ansprechpartner

Die folgenden drei Stellen können Ihnen sicher weiterhelfen, wenn Sie auf der Suche sind nach außerbetrieblichen Ansprechpartnern:

- Der Bundesverband der Angehörigen psychisch Kranker (↗ http://www.BApK.de) bietet eine Beratungshotline an, an die man sich wenden kann.
- Unter ↗ http://www.psychotherapiesuche.de können Sie sich über Psychotherapeuten in Ihrer Nähe informieren. Sie erhalten dort eine Liste von Adressen unter Berücksichtigung der von Ihnen gewünschten Methoden bzw. der zu behandelnden Probleme. Der Datenschutz ist hierbei gewährleistet, und Sie tragen lediglich die Telefonkosten.
- Die Telefon-Seelsorgestellen der Kirchen können ebenfalls kompetent helfen. Die Menschen, die dort an den Apparaten sitzen, sind in der Regel sehr gut ausgebildet und kennen sich mit den unterschiedlichsten Problemkonstellationen aus.

Freunde sind keine Profis

Egal an wen Sie sich wenden: Wichtig ist, dass es sich dabei um einen Menschen handelt, der ansonsten nichts mit Ihnen persönlich zu tun hat. Ich sage das hier ganz ausdrücklich, denn viele sind der Ansicht: „Ein guter Freund tut's doch auch. Der kann mir mehr helfen als irgendein Quacksalber." Das stimmt so leider nicht.

Es ist wunderbar, Freunde zu haben; Bekannte, Nachbarn, Kollegen, mit denen man sich austauschen kann. Das sollte man tun, wenn einem danach ist. Es entlastet und tut einfach gut, wenn die anderen ein offenes Ohr haben. Und oft sind brauchbare Tipps dabei. Auch Trostworte können gut tun und die verletzte Seele streicheln. Alles wunderbar.

Aber sobald psychische Erkrankungen ins Spiel kommen, braucht's etwas anderes: einen unvoreingenommenen Blick durch eine neutrale Person plus deren Fachwissen. Eben jemanden, der sich mit so etwas auskennt und dem es egal ist, was Sie über ihn denken – gerade weil er Sie aus seiner fachlichen Perspektive betrachtet und nicht aus der des Freundes oder Bekannten. Freunde sind keine Therapeuten ...

Keine falsche Scham

In den Köpfen vieler Betroffener ist das Thema „psychische Erkrankung" nach wie vor tabubesetzt. Man will „so etwas" nicht haben; man will nicht verrückt sein. Für unser Selbstwertgefühl ist es wichtig, genau wie alle anderen zu sein. Zwar wünschen wir uns auch, unverwechselbare Individuen zu sein – aber dieser Wunsch nimmt erst dann Gestalt an, wenn wir uns zuvor vergewissert haben, dass wir ganz normal sind.

Anders zu sein als andere, das finden viele Menschen bedrohlich. Man empfindet sich dann nicht mehr als Teil der Gemeinschaft. Deshalb tut man sich schwer damit, sich selbst die Erkrankung einzugestehen. Vom Prinzip her zeigt sich hier ein Mechanismus wie bei einem hochverschuldeten Menschen: Der öffnet einfach seine Rechnungen nicht und glaubt, damit würden sich seine Finanzprobleme schon lösen.

Dabei weiß jeder Mensch, dass es nicht so einfach geht. Wer sich verschuldet hat, braucht eine Schuldnerberatung. Wer mit seiner Steuererklärung nicht klarkommt, geht zum Steuerberater. Wer mit seinen Haaren unzufrieden ist, geht zum Friseur. Wer an einer körperlichen Erkrankung leidet, geht zum Arzt. Und wer an einer psychischen Erkrankung leidet? Der sollte – als Akt der Selbstfürsorge – ebenfalls professionelle Unterstützung in Anspruch nehmen.

ÜBUNG

Geben Sie es sich schriftlich!

Falls Ihnen bei der Lektüre Ideen gekommen sind, die Sie in die Praxis umsetzen wollen, sollten Sie sie aufschreiben. Sonst gehen sie verloren, und das wäre doch schade.

PLAN

1. Was plane ich? ______________
2. Warum will ich das? ______________
3. Bis / ab wann soll das passiert sein? ______________
4. Wer kann mir Mut machen? ______________

UMSETZUNG

5. Das habe ich erledigt am / seit ______________

Das Fazit dieses Unterkapitels lautet:
Holen Sie sich professionelle Unterstützung – je früher, desto besser!

Lesetipp:

Unger, H.-P. & Kleinschmidt, C. (2006): *Bevor der Job krank macht. Wie uns die heutige Arbeitswelt in die seelische Erschöpfung treibt und was man dagegen tun kann.*

3. Wer ist schuld?

Grundsätzlich kann es zwei Ursachen dafür geben, dass ein Mensch sich überfordert fühlt: Er ist zu schwach für die Belastungen, oder die Belastungen sind zu schwer für ihn. An die Ursachensuche schließt sich die Lösungssuche an: Was kann man tun, um im Arbeitsleben gesund zu bleiben? Die meisten Menschen würden ja gern bis zur Rente arbeiten - schließlich kann Arbeit auch ein Gesundheitsfaktor sein.

3.1 Ist das Kamel zu schwach oder ist die Last zu schwer?

Die entscheidende Frage

Wer ist schuld, wenn ein Kamel unter einer Last zusammenbricht? Ist das Kamel „schuld", weil es zu schwach ist? Oder ist die Last „schuld", weil sie zu schwer ist? Oder gar der Kameltreiber, weil er die Last zu schwer gewählt hat? Oder doch wieder das Kamel, weil es sich nicht intensiv genug gegen die Beladung gewehrt hat?

Dieses einfache Bild zeigt: Es gibt bei einer Überforderung keine eindeutigen Ursache-Wirkungszusammenhänge; und erst recht gibt es nicht die eine Ursache. In der Regel kommen mehrere Faktoren zusammen. Entscheidend ist ihr Zusammenspiel.

Dementsprechend helfen auch kurzsichtige Schuldzuweisungen nicht bei der Lösungssuche. Weder ist es hilfreich zu sagen: „Die Arbeitsbelastungen in dieser Abteilung machen mich krank", noch ist es gerechtfertigt zu behaupten: „Sie sind halt zu schwach für diese Position". Die Passung zwischen Mensch und Aufgabe ist es, die offenbar nicht stimmt.

Individualität akzeptieren

Auch der Vergleich mit anderen Personen verbietet sich. Ein Satz wie: „Die Frau Schmidtke kommt mit der Arbeit aber prima klar und schafft auch jeden Tag ihr Pensum" wird ganz sicher nicht zu einer Leistungssteigerung führen. Der Empfänger einer solchen Nachricht wird beleidigt reagieren und sich unverstanden fühlen.

Der Sender macht es sich sehr leicht, indem er alle Mitarbeitenden über einen Kamm schert. Wir sind aber nun einmal alle verschieden. Das gilt auch für unsere Belastungsgrenzen und Arbeitsvorlieben. Der eine kommt frisch aus dem Urlaub, der andere geht kraftmäßig schon auf dem Zahnfleisch; der eine mag herausfordernde Situationen, der andere liebt die Routine; der eine arbeitet gern im Team, für den anderen bedeutet genau das Stress. – Diese unterschiedlich gearteten Menschen werden je nach Zeitpunkt und Fitnesszustand ganz unterschiedlich mit identischen Situationen umgehen. Was für X heute Stress ist, macht Y mit links; zu einem anderen Zeitpunkt, wenn er sich fit fühlt, ist aber vielleicht X der Überlegene.

Nett mit sich und anderen umgehen

Schuldzuweisungen oder Eigenschaftszuschreibungen („Der war immer schon eine Lusche") führen daher nicht weiter. Stattdessen sollte man im Umgang mit anderen akzeptieren, dass jeder Mensch gute und schlechte Tage hat und wir alle unterschiedlich gestrickt sind. Wenn jemand grundsätzlich falsch an seinem Platz ist, ist ein Tätigkeitswechsel oder eine Nachqualifizierung erforderlich. Aber bei den meisten Überlastungsproblemen geht es nicht um so etwas Grundsätzliches, sondern eher darum, dass die Passung zwischen Mensch und Job vorübergehend nicht stimmt.

Und auch im Hinblick auf uns selbst sollten wir Gnade vor Recht ergehen lassen, wenn wir uns einmal nicht so leistungsfähig fühlen wie sonst. Niemand kann täglich 100 % geben. Wenn Sie sich nach einer Erkältung noch nicht wieder richtig fit fühlen und den Eindruck haben, der Arbeit nicht gewachsen zu sein: Keine Sorge – das wird sich wieder legen.

Vielleicht können Sie Ihren Vorgesetzten um eine vorübergehende Entlastung (und die Kollegen dafür um Verständnis) bitten, bis Sie wieder vollständig auf der Höhe sind. Immerhin ist es nett von Ihnen, trotz der Restsymptomatik überhaupt anwesend zu sein. Manchmal ist es ohnehin sinnvoller, sich zu Hause in Ruhe richtig auszukurieren.

Sie können etwas tun

In Kapitel 8 erfahren Sie, ob tatsächlich „zu viel Arbeit" das Problem ist – und auch, wie Sie sich angemessen gegen Arbeitsüberlastung abgrenzen können. Vielleicht denken Sie jetzt im Augenblick noch: „Ich bin einfach zu schwach für diesen Job". Aber Sie haben sich dieses Buch gekauft, um etwas daran zu ändern. Und es trägt nicht den Titel „Wie kündige ich meinen Job?". Sie glauben nämlich daran, dass Sie noch etwas ändern können.

Und das ist genau richtig. In Teil II und III werden Sie viele mögliche Ansatzpunkte finden. Dabei geht es weniger um die Frage „Wer ist schuld an meiner Überlastung?", sondern vor allem um Themen wie: „Was kann ich tun, um trotzdem gesund zu bleiben?" Ihre Bewältigungsfähigkeiten sollen durch die Lektüre gefördert werden. Und insbesondere, wenn Sie die Aufforderungen, sich Notizen zu machen, ernst nehmen, werden Sie genau dies bald spüren können: dass Sie stärker werden.

Das Waagen-Modell

Man kann sich die Logik des Buches anhand des Waagenmodells verdeutlichen: Auf der einen Seite sind die Stressoren zu sehen, also die belastenden Faktoren Ihres Lebens: Streit mit dem Partner, Ärger über die Kollegin, Zeitdruck im Job, ein krankmachender Chef; eine nicht richtig auskurierte Erkältung, die noch in den Knochen steckt. All das kostet Energie.

Auf der anderen Seite gibt es die Ressourcen. Die füllen Ihren Energieakku wieder auf. Zu diesen Kraftquellen gehören zum Beispiel: eine ausgeglichene und positive Grundstimmung, ein starkes Selbstwertgefühl, eine gute soziale Einbindung oder ein stabiler Lebensrhythmus.

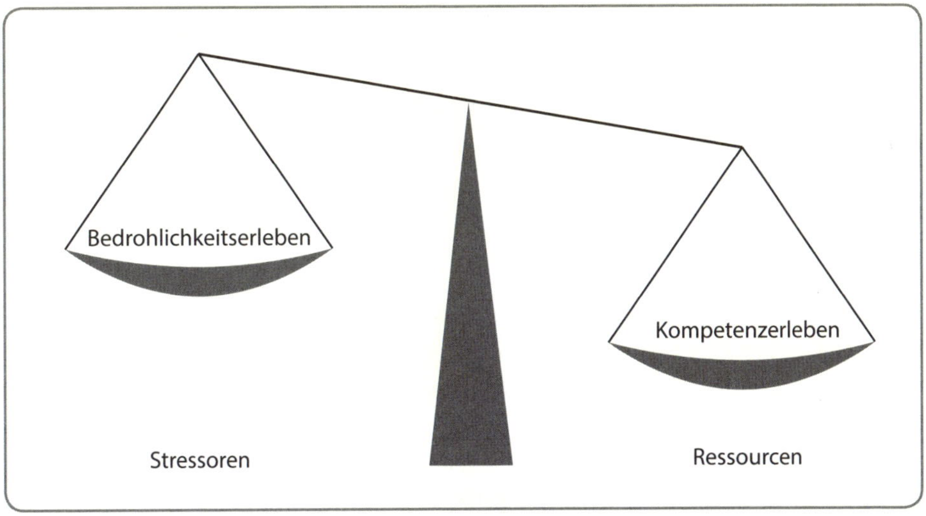

Abbildung 1: Das Verhältnis von Stressoren und Ressourcen.
In Anlehnung an Sigrist, J. (1996): Soziale Krisen und Gesundheit. Göttingen: Hogrefe.

Solange die rechte Seite mehr Gewicht auf die Waage bringt als die linke, ist alles wunderbar. Und was die Stressoren betrifft: Die bescheren Ihnen quasi ein Stress-Immunisierungs-Training. Eine Welt ganz ohne Stressoren wäre nämlich langweilig – und für unsere Gesundheit wäre so eine Welt auch nicht gut. Wir brauchen die Auseinandersetzung mit Stressoren, um fit zu bleiben und um gestärkt in die nächste stressige Situation gehen zu können. Das Einzige, was wir dabei beachten müssen: dass es – gefühlt – mindestens so viele Energiegeber wie Energieverbraucher gibt.

Beide Seiten sollten sich also mindestens die Waage halten. Noch schöner wär's, die Ressourcen wären ein bisschen stärker ausgeprägt als die Stressoren (so wie in der Abbildung); dann haben wir quasi eine Art Puffer für schwierige, belastungsintensive Zeiten.

Bewältigungsfähigkeiten = Ressourcen stärken

Die Belastungen, die Sie zu bewältigen haben, sind nur die eine Seite der Medaille. Die andere Seite sind Ihre Bewältigungsfähigkeiten, also Ihre Kompetenzen, um mit den Aufgaben fertig zu werden. Und das Spannende daran ist: Man kann auf beiden Seiten ansetzen! Wenn Sie sich wirklich nicht gegen die Arbeitsüberlastung zur Wehr setzen können, dann sind Sie trotzdem den Belastungen nicht hilflos ausgeliefert.

Sie können immer etwas tun – und zwar, indem Sie auf der Bewältigungsseite ansetzen. Auf dieser Seite geht es um „Ressourcen". Damit sind Kraftquellen gemeint – alles, was Ihnen bei der Bewältigung einer Aufgabe behilflich ist. Zu Ihren Ressourcen gehören zum Beispiel:

- gute Freunde
- ein stabiles Selbstwertgefühl
- eine gute körperliche Verfassung
- eine ausgeglichene Stimmung
- eine Partnerschaft, in der Sie sich aufgehoben fühlen
- Erfolge in der Vergangenheit
- einen netten Menschen, der Ihnen Mut zuspricht
- ein dickes Fell
- ein Hobby, das Sie ausfüllt
- Erfahrungen mit schwierigen Situationen
- eine gute Erholungsfähigkeit

Schon an diesen Beispielen lässt sich erkennen: Zu diesen Kraftquellen können Sie selber etwas beitragen. Sie können Ihre Ressourcen selber pflegen. Und genau dafür bekommen Sie in diesem Buch eine ganze Reihe Anregungen.

Zwei Wege zum Ziel: Ressourcen aufbauen und Belastungen abbauen

Dieses Buch möchte Ihre Psyche stärken, sodass Sie sich dem Stress im Job besser gewachsen fühlen. Zwei Wege sollen Sie zu diesem Ziel führen: Wenn Sie das Verhältnis zwischen Stressoren und Ressourcen in Ihrem Leben zu Ihren Gunsten verbessern wollen, können Sie einerseits Stressoren reduzieren. Darum geht es in den Kapiteln 8 bis 11, wo wir uns mit Stressoren in Form von zu viel Arbeit, einem schlechten Miteinander unter Kollegen, einem krankmachenden Chef und einem ungesunden Betriebsklima beschäftigen.

Und Sie können Ihre Ressourcen ausbauen. Dieser Ansatz ist mindestens genauso wichtig wie der Abbau von Stressoren. Hierzu bekommen Sie zahlreiche Anregungen in den Kapiteln 4 bis 7. Wir schauen uns an, wie Sie Ihre Stimmung verbessern (und sich vielleicht sogar ein bisschen gegen Depressionen wappnen) können, wie Sie Ihr gesundes Selbstwertgefühl pflegen und ein gesundes Sozialleben gestalten können. Und es wird darum gehen, wie Sie sich einen stabilen Lebensrhythmus schaffen.

Das Fazit dieses Unterkapitels lautet:
Es gibt nicht DIE Ursache, wenn sich jemand überlastet fühlt.

3.2 Stopp … bevor Sie kündigen! Lösungen suchen, keine Schuldigen

Nicht Hals über Kopf kündigen

Selbst wenn der Chef ein Ekel ist, muss das ja noch nicht heißen, dass man sich gleich einen neuen Job sucht. Vielleicht kann man ihn ja „umdrehen". Vielleicht kann man sich ein dickeres Fell zulegen und sagen: „Ist mir egal, wie der drauf ist – ich mache meine Arbeit gern und bekomme gutes Geld. Ich lasse mich nicht vertreiben". Vielleicht kann der Zusammenhalt unter Kollegen so viel Kraft geben, dass man (trotz Chef) weiterhin einen guten Job machen möchte.

Übrigens, falls Sie jetzt denken, ich wüsste nicht, wovon ich rede, erlauben Sie mir bitte eine kurze persönliche Bemerkung. Ich hatte auch einmal einen Chef, der mich krank gemacht hat. Und ich habe schließlich gekündigt. Aber es war ein weiter Weg bis es soweit gekommen ist, und ich bin heute noch stolz, dass ich nicht sofort die Flinte ins Korn geworfen habe. Und diesen Stolz wünsche ich Ihnen auch.

Wenn es soweit ist, dass man die Kündigung einreicht, sollte man sich selbst sagen können: „Ich habe alles versucht." Glauben Sie mir, das ist deutlich besser für Ihr Selbstwertgefühl als eine sofortige Kündigung. Das gute Gefühl, das man empfindet, wenn man der Führungskraft „Ich kündige!" entgegenschleudert, verfliegt rasch. Dieser Triumph ist kurzlebig.

Wenn man sogar am Wochenende Wutgefühle in Bezug auf die Arbeit verspürt, sollte man sich fragen: „Geht es mir um Selbstfürsorge, um meine Gesundheit zu bewahren? Oder geht es mir um Rache an meinem Chef bzw. am Betrieb?" Das sind zwei verschiedene Paar Schuhe. Ein persönlicher Rachefeldzug wird nicht zur Förderung der eigenen Gesundheit beitragen, im Gegenteil: Rache ist sauer. Man kann nicht gut die eigene Gesundheit schützen, indem man andere anprangert.

Keine Schuldigen suchen

Wie das Kapitel über das Kamel zeigt, ist es nicht gut möglich, eine eindeutige Ursache für Überlastungen zu finden. Zum Beispiel kann der Wunsch, es allen recht zu machen, den Stress vergrößern. Wenn sich jemand stark nach Anerkennung durch seine Führungskraft sehnt, wird er mit mehr Perfektionismus an die Arbeit herangehen als jemand, der weniger anerkennungshungrig ist. Ist er also selber „schuld" an seiner Überlastung? Oder doch eher der anerkennungsgeizige Chef?

Der einzelne Beschäftigte sollte nicht versuchen, die Schuld für seine Überlastung allein bei der Führungskraft oder den Arbeitsbedingungen zu suchen. Er wird nur Trotz und Widerstand ernten, weil die andere Seite sich von ihm an den Pranger gestellt fühlt. Reflexartig wird die Führungskraft darauf reagieren, indem sie ihm signalisiert, dass er zu empfindlich ist, die Schuld also bei ihm liegt.

Die Geschäftsleitung darf sich andererseits nicht einfach „freikaufen", indem sie Seminare zur Stressbewältigung anbietet nach dem Motto: „Jetzt wisst ihr ja, wie man mit Stress umgehen sollte, damit man nicht krank wird". Wenn sie gleichzeitig die Arbeitsbedingungen unverändert lässt, kommt das einer Schuldzuschreibung gleich: „Ihr Beschäftigten seid schuld." Die Suche nach Schuldigen führt also in keinem Fall weiter. Man kann es auf den Punkt bringen: Alle sind schuld, und alle können etwas ändern.

Lösungen finden

Statt Vorwürfe zu machen oder jemanden an den Pranger zu stellen – den „zu schwachen" Mitarbeiter oder die stressverstärkende Führungskraft –, ist es zielführender, alle ins Boot zu holen und gemeinsam nach Lösungen zu suchen, um das Überlastungempfinden zu reduzieren. In einem ersten Schritt kann und sollte man auch sich selbst kritisch fragen, was man gegen die Überlastung tun kann.

Sie finden in diesem Buch viele Lösungsvorschläge, von denen einige bestimmt auch für Sie und Ihre Situation geeignet sind. Statt also vorschnell die Flinte ins Korn zu werfen, sollten Sie zunächst schauen, welche Möglichkeiten zur Veränderung Sie ausprobieren könnten:

- in Ihrem Verhalten (z. B. ein besseres Abschalt- und Erholungsverhalten)
- in Ihren Einstellungen (z. B. weniger Perfektionismus)
- an Ihrer Arbeitssituation (z. B. Einschränkung der ständigen Erreichbarkeit)
- im Umgang mit den Kollegen (z. B. Erweiterung des sozialen Netzes)
- im Umgang mit Ihren Vorgesetzten (z. B. Grenzen setzen)

Viel Erfolg dabei!

Das Fazit dieses Unterkapitels lautet:
Es gibt nicht DIE Lösung, wenn sich jemand überfordert fühlt.

3.3 Mal anders betrachtet: Arbeit als Gesundheitsfaktor

Arbeitende sind gesünder als Arbeitslose

Im Durchschnitt betrachtet sind Menschen, die einer regelmäßigen Beschäftigung nachgehen (sei sie nun sozialversicherungspflichtig oder nicht), gesünder als Menschen, die dies nicht tun. Langzeitarbeitslose weisen in der Regel schlechtere Gesundheitswerte auf als Beschäftigte. Die angebliche „faule Haut" scheint nur den wenigsten Menschen gut zu bekommen.

Insbesondere psychosomatische Erkrankungen sind unter Arbeitslosen weit verbreitet. Der Ausdruck „psychosomatisch" bedeutet nicht, dass die Betroffenen sich ihre Beschwerden einbilden würden. Sie leiden tatsächlich unter körperlichen Symptomen (zum Beispiel Schmerzen im Rücken, Kopf oder Magen, Hautprobleme, Schlafstörungen, Schwindel, Zittern, Schweißausbrüche), aber der Arzt kann keine organische Grundlage finden. Als Ursache wird Stress vermutet.

Stress bei Arbeitslosen?!

Das klingt zunächst paradox: Wie soll jemand Stress empfinden, der nichts zu tun hat? Aber gerade das Nichts-Tun erweist sich bei näherer Betrachtung als schwierig und letztlich gesundheitsgefährdend: Arbeitslosen fehlt häufig ein Rhythmus in ihrem Leben. Sie müssen ihrem Alltag selbst Struktur geben und viele schaffen das nicht. Beschäftigte stehen zu einer bestimmten Uhrzeit auf, ihr Tagesablauf ist geregelt, sie können ihre Tage nicht frei gestalten. Das empfinden die meisten ab und zu als ein Korsett – Regelmäßigkeit ist aber auch ein Gesundheitsfaktor, wie Sie in Kapitel 7 lesen können. Die Psyche wird dadurch stabilisiert.

Auch Langeweile ist ein großer Stressor für Arbeitslose. Was sich ebenfalls zunächst absurd anhört, erleben viele mit dem Eintritt ins Rentenalter: Plötzlich gibt es nichts mehr zu tun. Die Leute stehen da mit ihren ganzen Ressourcen und können sie nirgendwo einbringen. Das Verhältnis von Belastungen und Ressourcen ist auch hier gestört, nur eben andersherum. Man spricht bei Menschen, die sich an ihrem Arbeitsplatz unterfordert fühlen, auch von „Bore-Out" – einem Gefühl von innerer Leere, das ebenfalls psychosomatische Erkrankungen begünstigt.

Gesundheitsfördernde Aspekte von Arbeit

Es gibt noch mehr (nachvollziehbare) Gründe für die bessere Gesundheit der arbeitenden Bevölkerung. Die Teilhabe am gesellschaftlichen Leben ist einer davon. Einerseits spielt das Finanzielle eine Rolle. Viele Hobbys, Kino, Theater, Feiern, Mitgliedschaften in Vereinen etc. kosten Geld; wer davon wenig hat, kann auch nur wenige Angebote in Anspruch nehmen.

Andererseits ist in diesem Zusammenhang das fehlende Gemeinschaftsgefühl von Bedeutung: Arbeitslose fühlen sich oft nicht mehr als gleichwertiger Teil der Gesellschaft. Weil sie nicht mehr das tun, was alle anderen tun – eben arbeiten –, erleben sie sich als ausgeschlossen. Als würden sie nicht mehr richtig dazugehören. Viele ziehen sich von sich aus zurück. Die meisten wollen nicht auf Almosen angewiesen sein und lehnen beispielsweise eine kostenfreie Vereinsmitgliedschaft ab, sofern sie hierfür ihre Bedürftigkeit nachweisen müssen.

Es geht bei Weitem nicht nur um Geld. Sonst würden sich nicht so viele Hartz-IV-Empfänger freiwillig um schlecht bezahlte Jobs bewerben, bei denen sie sich finanziell schlechter stehen, als wenn sie weiterhin Sozialleistungen bezögen. Auch Sinnempfinden ist ein wichtiger Gesundheitsfaktor. Viele Arbeitslose haben das Gefühl, mit ihrer Arbeit auch ihren Lebenssinn verloren zu haben. Ihr Depressionsrisiko ist deutlich erhöht. Es erfordert große Anstrengungen, sich selbst zu beweisen, dass auch in anderen Beschäftigungen ein Lebenssinn liegen kann – Beschäftigungen, die bis dahin vielleicht eher nebenher liefen und nicht den Lebensmittelpunkt ausmachten, wie zum Beispiel Gartenpflege, Kindererziehung, Wohnraumgestaltung oder ehrenamtliche Tätigkeiten.

Gut fürs Selbstwertgefühl

Nicht zuletzt für das Selbstwertgefühl eines Menschen ist die Arbeit ungeheuer wichtig. Sie verschafft ihm Anerkennung. Viele würden den Satz: „Ich bin, was ich arbeite“ sofort unterschreiben. Der Beruf gehört zu einem, fast so sehr wie der Partner oder die Kinder. Insbesondere in Westeuropa legt man sich mit der Berufswahl immer noch sehr stark (manchmal sogar noch lebenslänglich) fest. Die Bindung an den Beruf ist damit stärker als die an ein bestimmtes Haus oder – insbesondere in Zeiten wachsender Mobilität – an eine bestimmte Region.

Die Abhängigkeit des Selbstwertgefühls von der Arbeit wird vielen Teilnehmern in meinen Seminarveranstaltungen erst in dem Augenblick bewusst, wo sie sich mit der Frage auseinandersetzten: „Wer bin ich, wenn ich nicht arbeite?“ Es fällt ihnen erst einmal nicht viel ein. Diese Menschen müssen lernen, sich nicht nur über ihre Arbeit zu definieren, denn letztlich kann es immer mal passieren, dass sie komplett wegfällt (gesundheitsbedingt, entlassungsbedingt). Die Menschen müssen trotzdem irgendwie weiterleben.

Ich bin, was ich arbeite

Arbeit ist für viele Menschen der identitätsstiftende Faktor schlechthin: Sie definieren sich über die Arbeit. Sie finden über sie ihren Platz in der Gesellschaft. Ihre Arbeit bestimmt ihr Image, also das Ansehen in ihrem sozialen Umfeld. Auch der Kontakt zu Kollegen tut den meisten Menschen gut: Sie gehören zu ihrem sozialen Netz; man hat gemeinsame Interessen, ähnliche Einstellungen und Wertesysteme. Man schafft sich identische Statussymbole an und demonstriert damit sich selbst, den Kollegen und Außenstehenden: „Ich gehöre zu dieser Gruppe."

Dieses Zugehörigkeitsgefühl stellt ebenfalls einen Gesundheitsfaktor dar. Menschen sind ruhiger und weniger angespannt, wenn sie sich in einer Gruppe aufgehoben fühlen. Bei Entlassungen erlebt man häufig zunächst ein großes Gefühl von Zusammenhalt nach dem Motto „geteiltes Leid ist halbes Leid". Doch je länger die Arbeitslosigkeit andauert, desto brüchiger werden in der Regel auch die Kontakte zu den ehemaligen Kollegen. Viele schämen sich sogar so sehr für ihre Arbeitslosigkeit (die ja oft unverschuldet ist), dass sie von sich aus Kontakte meiden.

Ich erzähle Ihnen das an dieser Stelle, weil es für Sie vielleicht sinnvoll sein kann, sich die Vorteile und gesundheitsrelevanten Aspekte Ihrer Arbeit einmal vor Augen zu führen. Ihre Arbeit ist nicht alles in Ihrem Leben. Sie sind viel mehr als nur der Mensch, der einer bestimmten Beschäftigung nachgeht. Aber Ihre Arbeit erfüllt zahlreiche Funktionen in Ihrem Leben. Und es kann sich für Sie lohnen, sich diese Bedeutung der Arbeit für Sie persönlich einmal näher anzuschauen. Wenn Sie Ihre Arbeit schätzen, werden Sie auch manche Überlastung leichter bewältigen können.

ÜBUNG

Was schätzen Sie an Ihrer Arbeit?

Wenn Sie mögen, können Sie einmal notieren, was Ihnen Ihre Arbeit gibt. Was an Ihrem Job schätzen Sie? Welche Aspekte tun Ihnen gut? Worauf würden Sie nur ungern verzichten? Worin sehen Sie den Wert der Arbeit für Ihr Leben? Bestimmt fällt Ihnen deutlich mehr ein als nur die finanziellen Aspekte.

Es lohnt sich, Arbeit nicht nur als Belastung,
sondern auch als Kraftquelle zu sehen.

Teil 2

Was stärkt Ihre psychische Gesundheit?

4. Wie verbessern Sie Ihre Stimmung?

Es klingt wie in einem kitschigen Liebesfilm, aber der Psychologe Martin Seligman hat es bewiesen: Man kann etwas tun für sein Glück. Eine stabile Stimmungslage ist kein Zufallsprodukt, sondern auch das Ergebnis aktiver Bemühungen. Zwar hat jeder Mensch sein eigenes – in hohem Maße erbliches – „Glücksniveau", andererseits kann man sich eine optimistische Einstellung und auch Glücksgefühle aktiv erarbeiten.

4.1 Emotionale Gesundheit: Wie Sie für viele gute Gefühle sorgen

„Pessimisten küsst man nicht – Optimismus kann man lernen"

So lautet der eingängige Titel eines Buches von Seligman. Ein weiteres heißt „Der Glücks-Faktor. Warum Optimisten länger leben". Er beschreibt in seinen Büchern, warum Pessimisten auch in gesundheitlicher Hinsicht schlechter dran sind als Optimisten – und eben auch, wie jeder Mensch lernen kann, optimistischer zu werden, ohne die Realität zu verleugnen oder sich eine naive Scheinwelt aufzubauen.

Optimisten leben länger. Sie werden auch nach einer Erkrankung rascher wieder gesund. Sie sind beliebter und verfügen häufig über ein soziales Netz, das ebenfalls als Gesundheitsfaktor gilt. Sie neigen weniger zu Depressionen, sobald ihnen negative Ereignisse widerfahren. Seligman konnte das Depressionsrisiko junger Menschen halbieren, indem er ihren Optimismus stärkte. Eine wichtige Rolle spielen dabei Gefühle und Gedanken.

Warum positive Gefühle gesund sind

Körperlich betrachtet handelt es sich bei Emotionen um pure Chemie: Hormone werden ausgeschüttet – bei Angst zum Beispiel Stresshormone, bei Glücksgefühlen Endorphine. Während die Stresshormone für Herzrasen, Muskelanspannung und Atemverflachung sorgen, sorgen die Endorphine dafür, dass wir entspannen und uns beruhigen: Die Atmung vertieft sich, die Muskulatur wird locker.

Stresshormone → Herzrasen, Muskelanspannung, Atemverflachung

↕

Glückshormone → Ruhe, Muskelentspannung, Atemvertiefung

Bildlich gesprochen: Die Glückshormone können die Stresshormone abbauen. Selbstvertrauen, Lebensfreude und innere Ruhe kommen zurück. Dadurch kommt der Mensch wieder ins Lot, auch körperlich. Das Immunsystem wird gestärkt, die Darmfunktion wird angeregt, die Schlafqualität wird verbessert.

Gesund machende Glückshormone freisetzen – wie geht das?

Der einfachste Weg, um schnell für positive Emotionen zu sorgen, ist Genuss – im realen Leben oder in der Vorstellung. Ja, es reicht sogar, wenn Sie sich einfach nur an ein angenehmes Erlebnis erinnern. Vielleicht nehmen Sie den Klassiker schlechthin: Sex. Als Sie das letzte Mal schönen Sex hatten: Wie hat sich das angefühlt? Welche Berührungen waren besonders angenehm? Wie ging es Ihnen dabei?

Wenn Sie sich richtig auf die Vorstellung konzentrieren, wird sich automatisch Ihr Atem vertiefen, Ihre Mundwinkel werden sich nach oben bewegen, Sie werden entspannt sein (oder sehr wohlig leicht-angespannt). Ein paar der Emotionen von damals werden in Ihnen so lebendig sein, als würden Sie jetzt im Moment dasselbe noch einmal erleben.

Und falls Sie nicht auf solche tatsächlichen Erlebnisse zurückgreifen wollen, reicht es sogar, wenn Sie einfach etwas erfinden. Selbst wenn Sie noch nie am Meer waren, können Sie sich vorstellen, wie das Meer rauscht, wie sich der Wind in Ihren Haaren anfühlt, wie die salzige Seeluft schmeckt, wie sich der Sand unter Ihren Füßen anfühlt, und wie die Sonne Ihre Haut wärmt. Probieren Sie mal! Diese Fähigkeit zum – bewussten – Tagträumen mit dem Ziel, positive Emotionen zu wecken, kann man trainieren. Gute Gefühle kann man „machen". Und gute Gedanken ebenso.

ÜBUNG

Führen Sie ein Dankbarkeitstagebuch

Ein Mensch in einer depressiven Episode schaut nur aufs Negative. Alles, was er sieht und erlebt, untermauert sein Elend. In einer solchen Phase kostet es viel Kraft, das Augenmerk aufs Positive zu lenken. Ab einem gewissen Punkt ist es quasi unmöglich. Aber bis es soweit ist, kann man im Vorfeld einiges tun, um den Blick aufs Gute zu kultivieren – quasi als Präventionsmaßnahme.

Eine solche Maßnahme ist das Führen eines Dankbarkeitstagebuchs. Am besten besorgen Sie sich hierfür eine schöne Kladde oder ein besonderes Heft. Und dann notieren Sie jeden Abend, was Ihnen am jeweiligen Tag an Gutem widerfahren ist. Dinge, für die Sie dankbar sein können. Vielleicht auch Dinge, auf die Sie stolz sind. „Count your blessings", nennen es die Amerikaner.

Die Wirkung ist vielgestaltig: Sie führen sich noch einmal die positiven Aspekte des Tages vor Augen und bereiten damit das Schlafen vor. Man schläft besser, wenn man eine solche Tagesrückschau vollzogen hat – man kann leichter mit dem Tag abschließen. Das Tagebuch kann Ihre Stimmung im jeweiligen Moment heben. Und Sie haben eine Art Rücklage für schlechte Zeiten: Wenn es Ihnen mal nicht so gut geht, können Sie darin blättern und sich erinnern, dass nicht immer alles grau in grau war.

Sorgen Sie für Genusserlebnisse

Sich immer wieder vor Augen führen, dass das Leben positive Dinge für einen bereit hält – das tut gut und macht stark. Besonders intensiv gelingt uns das, wenn wir etwas genießen. Wir halten inne – werden „achtsam" – und konzentrieren uns vollkommen auf aktuelle Sinnesereignisse: Wie schmeckt das? Wie riecht das? Wie fühlt sich das an? Wie sieht das aus?

In diesem Moment hält man quasi die Zeit an. Der ewige Gedankenstrom im Kopf wird gestoppt. Normalerweise beschäftigt sich unser Gehirn ständig mit Dingen, die in der Vergangenheit liegen, oder mit dem, was in der Zukunft passieren wird. Die Gegenwart hingegen ist selten intensiv in unserem Aufmerksamkeitsfokus. Dabei liegt genau hier ein kostenloser Ent-Stresser verborgen: in der Konzentration auf das Hier und Jetzt.

Wenn Sie bewusst Genusserlebnisse in Ihren Alltag einbauen möchten, sollten Sie folgende Aspekte berücksichtigen: Genuss braucht ein bisschen Zeit, er lässt sich nicht nebenher „erledigen". Man kann auch nicht „schnell genießen". Sie sollten sich

Genusserlebnisse gönnen. Sie haben sie verdient! Dabei kommt es nicht auf die Menge an (weniger ist mehr!), sondern auf die Intensität der Konzentration und Empfindung. Setzen Sie sich an einen ruhigen Ort und lassen Sie sich darauf ein, was Sie denken, fühlen, riechen und schmecken – zum Beispiel beim Genießen einer Tasse Espresso. Der Stress wird von Ihnen abfallen, und Ihre Stimmung wird sich heben.

Das Fazit dieses Unterkapitels lautet:
Gönnen Sie sich Genuss!

4.2 Leben neben der Arbeit – warum Sie ein Hobby brauchen

Kollegen alleine reichen nicht

Es ist wichtig, dass zu Ihrem sozialen Netz auch Menschen außerhalb des Kollegenkreises gehören. Denn angenommen, die Verhältnisse am Arbeitsplatz verändern sich (das Team bricht auseinander, das Klima wird rauer, Ihre Lieblingskollegin verlässt die Firma oder Ähnliches) –, dann brauchen Sie jemanden als Gesprächspartner, der mit Ihrer Arbeit nichts zu tun hat und sich Ihre Geschichten als Unbeteiligter anhören kann. Wenn der Bekannten- und Freundeskreis ausschließlich aus Kollegen besteht, fällt diese Möglichkeit der Entlastung weg.

Bei Kollegen besteht zudem die Gefahr, dass auch bei privaten Treffen ausschließlich über die Arbeit gesprochen wird. Es gibt aber noch anderes neben der Arbeit – und wenn's im Job kriselt, ist es wichtig, sich genau darauf zu besinnen. Das gelingt im Kollegenkreis nicht wirklich gut, denn das, was einen mit den Kollegen verbindet, ist ja gerade die Arbeit.

Sie brauchen einen Ausgleich

„Meine Frau hat etwas Eigenes“ heißt es in einem bekannten Loriot-Sketch. Jene Gattin macht nämlich ihr „Jodel-Diplom“. Sie lernt etwas, sie entwickelt sich weiter, sie betätigt sich künstlerisch. Ein Jodel-Diplom hat – typisch Loriot – etwas völlig Skurriles, aber es beinhaltet auch Elemente, die ein gutes Hobby ausmachen: die freiwillige intensive, aber größtenteils zweckfreie Beschäftigung mit schönen Dingen.

Warum so etwas die Seele stärken kann? Ein Hobby verbessert die Stimmung. Es handelt sich ja um eine Tätigkeit, die Freude macht. Die Arbeit ist in dem Moment weit weg. Sobald wir uns konzentriert mit einer Sache beschäftigen, blockt unser Gehirn störende Gedanken ab, und die Psyche kann auftanken.

Voraussetzung dafür ist, dass man sich von Leistungsdruck befreit und äußere Störfaktoren abschirmt. Und dann sucht man sich eine Tätigkeit, die einen herausfordert, ohne zu überfordern. Wichtig ist, dass man sich wirklich nur dieser einen Tätigkeit widmet und nicht gleichzeitig mit anderen Dingen beschäftigt ist.

Flow-Erlebnisse geben Kraft

Hobbys machen gute Laune. Sie ermöglichen sogenannte Flow-Erlebnisse. Mit „Flow“ beschreibt man einen Zustand, in dem man sich selbst vergisst. Die Zeit vergeht wie im Flug und man erlebt sie hochkonzentriert. Flow-Erlebnisse geben Kraft. Man ist danach angenehm müde, fühlt sich aber zugleich höchst lebendig.

Guter Sex kann so ein Flow-Erlebnis bescheren. Und eben auch jedes Hobby, das uns tief abtauchen lässt: Musizieren, Malen, Mannschaftssport. Ein anderer Ausdruck für Flow ist, „einen Lauf haben“. Man denkt dann nicht über sich oder andere nach; man fragt sich nicht, ob man gut ist oder gar besser als andere; man ist einfach „drin“.

Bei diesen Aktivitäten kann die Seele Kraft tanken. Wir kommen innerlich zur Ruhe, selbst wenn der Körper sehr aktiv ist. Statt eine Rolle zu spielen sind wir dabei ganz wir selbst.

ÜBUNG

Welche Tätigkeiten bescheren Ihnen Flow-Erlebnisse?

Ganz sicher kennen auch Sie dieses wunderbare Gefühl, selbstvergessen in einer Tätigkeit aufzugehen. Welche Aktivitäten bescheren Ihnen solche Flow-Erlebnisse?

- ____________________
- ____________________
- ____________________
- ____________________
- ____________________
- ____________________

Falls Sie sich schwertun, Flow-Aktivitäten aufzulisten, noch ein kleiner Tipp: Was hat Ihnen in früheren Jahren Flow-Erlebnisse bereitet? Bei welchen Tätigkeiten konnten Sie richtig tief abtauchen? Was hat Ihnen früher gute Laune bereitet? Vielleicht können Sie da anknüpfen?

Geben Sie es sich schriftlich!

Welche der oben genannten Tätigkeiten haben Sie schon lange nicht mehr ausgeübt? Wäre es mal wieder an der Zeit? Dann planen Sie es am besten konkret ein, damit es nicht vergessen wird.

PLAN

1. Was plane ich? ____________________
2. Warum will ich das? ____________________
3. Wann will ich mir das gönnen? ____________________

UMSETZUNG

4. Das habe ich erledigt am ____________________

Das Fazit dieses Unterkapitels lautet:
Schaffen Sie sich Flow-Erlebnisse neben der Arbeit!

4.3 Depressive Gedanken in den Griff bekommen – (wie) geht das?

„Depression" oder „depressive Episode"?

Die Krankheit Depression äußert sich in der Regel in depressiven Episoden, die von unterschiedlich langer Dauer, aber nicht unendlich sind. Für mich macht es Sinn, im Zusammenhang mit einzelnen Betroffenen von „depressiven Episoden" zu sprechen statt von „Depression". Wenn man von einem Menschen sagt: „Er befindet sich in einer depressiven Episode", beinhaltet dies, dass diese Phase vorübergehen kann. Demgegenüber klingt: „Er ist depressiv", als sei dies eine unveränderbare Persönlichkeitseigenschaft, also von Dauer – so als würde man sagen: „Er ist blond, klug, ein guter Tänzer".

Es gibt unzählige Varianten dieser Krankheit. Zu den klassischen Symptomen zählen:

- Schlafstörungen (insbesondere frühmorgendliches Erwachen, einhergehend mit einem stimmungsmäßigen Morgentief),
- Konzentrationsstörungen, emotionale Taubheit bzw. Reglosigkeit (nichts kann einen mehr wirklich berühren, geschweige denn vom Hocker hauen; das Empfinden von Freude ist nicht möglich),
- sozialer Rückzug und die Verwahrlosung von Wohnung oder Erscheinung.
- Hinzu kommen in der Regel Grübelgedanken, Katastrophendenken, Gefühle von Wertlosigkeit oder Schuldgefühle bis hin zu Suizidgedanken.

Für sämtliche Symptome gilt, dass sie über einen längeren Zeitraum auftreten müssen, damit man von einer depressiven Episode sprechen kann. Eine hin und wieder niedergedrückte Stimmung gehört zum Leben dazu. Solange sie nach zehn Tagen wieder vorbeigeht, besteht kein Grund zur Besorgnis.

Chronischer Stress als eine mögliche Depressionsursache

Lange Zeit dachte man, Depressionen wären genetisch bedingt oder die Folge von schlecht verarbeiteten traurigen Ereignissen. Doch mittlerweile weiß man: Auch chronischer Stress kann eine depressive Episode auslösen. Wenn wir erschöpft sind, wird das Immunsystem geschwächt; wir werden nicht nur erkältungs-, sondern auch depressionsanfälliger.

Depressionen können ganz unterschiedliche Verläufe haben: Manische (überdrehte) und depressive Phasen können episodisch wechseln; in manchen Fällen entwickelt sich eine Depression langsam und schleichend; sie kann aber auch schlagartig von einer Minute auf die andere auftreten. Die Auswirkungen auf die jeweils Betroffenen sind ebenfalls unterschiedlich. Manche leiden still, es gibt aber auch Fälle, dass Menschen von jetzt auf gleich beschließen, ihr Auto gegen einen Baum zu fahren.

Deutlich häufiger ist aber ein schleichender Beginn – das gilt insbesondere für die oben angesprochene Erschöpfungsdepression. Hierin liegt auch eine Chance: Bei langsamen Entwicklungen ist es besser möglich, frühzeitig gegenzusteuern und Schlimmeres zu verhindern. Die meisten Ansätze setzen dabei auf Gedankentraining und auf ein verbessertes Erholungsverhalten.

Gedanken kann man trainieren

Diese Aussage klingt für viele befremdlich. Die meisten Menschen sind der Meinung, dass ihre Gedanken automatisch in ihren Kopf kommen und dass sie selbst hierauf keinerlei Einfluss nehmen können. Die Idee eines Gedankentrainings halten sie für esoterische Spinnerei.

Bei der sogenannten „Kognitiven Verhaltenstherapie" handelt es sich aber um einen hochseriösen Ansatz, der mittlerweile über jeden Wirksamkeitszweifel erhaben ist. Diese Form der Psychotherapie wird in Deutschland von den gesetzlichen Krankenkassen bezahlt.

Anders als bei der tiefenpsychologisch-fundierten Psychotherapie, die ebenfalls über die Krankenkasse abgerechnet werden kann, liegt bei der Verhaltenstherapie der Fokus nicht auf unbewussten Konflikten, die dem Problem zugrunde liegen könnten. Stattdessen schaut man auf Lösungsmöglichkeiten in der aktuellen Lebenssituation des Klienten und arbeitet insbesondere an einer Veränderung der mentalen Einstellung.

Miesmacher-Gedanken identifizieren

Der Grundansatz der kognitiven Verhaltenstherapie besteht darin, Gedanken zu identifizieren, mit denen der Klient sich emotional runterzieht. Diese Gedanken haben ihren Ursprung häufig in der Kindheit, wirken aber bis heute nach. Es handelt sich beispielsweise um Sätze wie: „Du warst schon immer blöder als dein Bruder", „Du Trampel musst auch immer alles falsch machen", „Das schaffst du nie, du bist doch der Sohn deines Vaters" oder: „Du fette Kuh, raus bist du". Insbesondere in Stress-Situationen tauchen solche Sätze wie von selbst im Kopf auf.

Der Klient soll lernen, diese irrationalen und destruktiven Miesmacher-Gedanken zu identifizieren und zu hinterfragen: „Was daran ist realistisch? Mache ich wirklich immer alles falsch? Wo war ich mal nicht trampelig? Was habe ich schon geschafft?" etc. Im nächsten Schritt geht es darum, die negativen durch Mut machende Gedanken zu ersetzen.

Mutmacher-Gedanken finden

Hilfreich sind dabei Fragen wie:

- Wie werde ich in zehn Jahren über diese Situation denken?
- Was täten „Lebensprofis" in derselben Situation?
- Was könnte schlimmstenfalls passieren? Und was bestenfalls?
- Welche ähnlichen Situationen habe ich schon gut bewältigt?
- Wie könnte mir ein guter Geist / netter Mensch Mut machen?
- Wie würde ich einem Freund in dieser Situation Mut machen?
- Was könnte das Gute oder Lehrreiche an der Situation sein?

Diese konstruktiven, Mut machenden Gedanken zu finden, kann ganz schön mühsam sein, aber es lohnt sich. Der Klient wird angeleitet, sich tagsüber immer wieder an diese positiven aufbauenden Gedanken zu erinnern, zum Beispiel, indem er alle zwei Stunden eine Strichliste führt und sich fragt: „Welche Mutmacher hatte ich in dieser Zeit im Kopf?"

Der Klient soll die Mut machenden Gedanken so häufig denken, dass sie für sein Gehirn schon bald eine Selbstverständlichkeit darstellen. – Und irgendwann tauchen sie bei Stress fast genauso schnell im Kopf auf wie die Miesmacher. Es versteht sich von selbst, dass so ein Lernprozess sich nicht von heute auf morgen vollzieht, sondern Zeit und Geduld braucht.

ÜBUNG

Die Zwei-Spalten-Technik für bessere Stimmung

Auch Sie können von diesem Verfahren profitieren. Probieren Sie einfach mal die sogenannte „Zwei-Spalten-Technik" aus. Legen Sie auf einem DIN-A4-Blatt zwei Spalten an mit den Überschriften „Miesmacher" (links) und „Mutmacher" (rechts). In einem ersten Schritt identifizieren Sie, wie oben beschrieben, diejenigen Gedanken, mit denen Sie sich mental fertig machen. Diese schreiben Sie in die linke Spalte. Lassen Sie zwischen den einzelnen Sätzen ein bisschen Platz. Schieben Sie das Ausfüllen Ihrer Liste auch nicht gänzlich auf die Zeit nach Feierabend. Optimal ist, Ihre Liste alle zwei Stunden auszufüllen, und zwar für mindestens eine Woche.

Im zweiten Schritt – nach Feierabend, in Ruhe – formulieren Sie in der zweiten Woche für jeden Miesmacher drei Mutmacher-Gedanken, die Sie sich selbst glauben können. Kringeln Sie am Ende den jeweils für Sie glaubwürdigsten Gedanken ein. Für eine weitere Woche sollten Sie nun jeweils beide Schritte durchführen: tagsüber Miesmacher sammeln und abends Mutmacher formulieren. Prima, wenn Sie dafür viele Blätter brauchen.

Schließlich übertragen Sie alle eingekringelten Gedanken auf ein neues Blatt. Das ist nun Ihre Mutmacher-Liste. Jetzt geht es darum, diese Gedanken „in den Kopf zu bekommen". Wie das funktioniert? Indem Sie sich immer wieder mit Ihren Mutmach-Sätzen auseinandersetzen. Am einfachsten, indem Sie eine Strichliste führen (wieder alle zwei Stunden). Beobachten und genießen Sie, wie in den kommenden zwei Wochen die positiven Gedanken immer selbstverständlicher werden – und wie sich Ihre Stimmung verbessert!

Im nächsten Kapitel werden Sie übrigens sehen, dass das Thema „Zwei-Spalten-Technik" auch in Bezug auf das Selbstwertgefühl eine wichtige Rolle spielt.

Fachliche Hilfe – ab wann?

Im zweiten Buchkapitel konnten Sie bereits lesen, ab wann es Sinn macht, fachliche Unterstützung in Anspruch zu nehmen. In Bezug auf depressive Symptome gilt dies insbesondere, wenn man sich über einen Zeitraum von zwei Wochen depressiv oder hoffnungslos fühlt, keine Freude oder Interesse mehr empfinden kann und an Antriebslosigkeit bzw. schneller Ermüdung leidet. Diese Symptome sind typisch für eine depressive Episode.

Weitere Symptome können laut Internationaler Krankheitseinteilung (ICD) hinzukommen, wie zum Beispiel Defizite in der Konzentration und Aufmerksamkeit, ein geringes Selbstwertgefühl und wenig Selbstvertrauen, Schuldgefühle und Gefühle von Wertlosigkeit, negative und pessimistische Zukunftsperspektiven, Suizidgedanken, Selbstverletzungen oder Suizidhandlungen, Schlafstörungen oder verminderter Appetit. Auch unterschiedliche körperliche Symptome wie Kopf- oder Rückenschmerzen, Magenschmerzen oder Herzbeschwerden können auftreten.

Wenn Sie spüren, dass die im ersten Absatz genannten typischen Symptome Ihnen zu schaffen machen, dann sollten Sie sich nicht scheuen, einen Profi um Rat zu fragen.

Schlechte Laune oder Depression?

Der Unterschied zwischen einer depressiven Episode und einer Phase schlechter Stimmung liegt weniger in der Intensität des Niedergeschlagenheitsgefühls als in der Dauer. Die Phase der schlechten Laune geht vorüber. Man bleibt empfänglich für Ablenkungen und andere Stimmungen, man kann noch lachen und sich von anderen mitreißen lassen. Oder man ist tief traurig, auch das ist eine Stimmung. Man fühlt noch, dass man lebt, auch wenn die Lebensqualität vielleicht gerade nicht so groß ist.

Ein Mensch, der in einer depressiven Episode steckt, hat im Grunde keine Stimmung. Es ist alles dunkel für ihn und um ihn. Andere Situationen oder andere Menschen können ihn nicht mitreißen, er ist dafür unempfänglich. Dies führt zu deutlichen Beeinträchtigungen des Alltags: Man kann nicht mehr gut arbeiten, und man kann auch nicht mehr richtig lieben.

Was kann man tun zur Prävention?

Die folgenden Empfehlungen gelten allgemein als sinnvoll in depressiven Episoden und helfen auch, falls „nur" eine schlechte Stimmung vorliegt. Man darf darüber aber nie vergessen, dass Depressionen auch genetisch bedingt sein können, dass der Hirnstoffwechsel gestört sein kann – sprich: dass es Faktoren gibt, die der Betroffene nur schwer selbst beeinflussen kann. Das bedeutet für Angehörige und Freunde, dass sie nichts Unmögliches verlangen sollten.

- Pflegen Sie Aktivitäten, ohne sich zu überfordern. Bleiben Sie aktiv!
- Strukturieren Sie Ihren Tag, zum Beispiel mit schriftlichen Plänen. Es macht nichts, wenn die darauf notierten Schritte alle ganz klein sind („8.00 Uhr – aufstehen") – Hauptsache, Sie haben Erfolgserlebnisse.
- Bewegen Sie sich, optimal sind Tanzen oder Ausdauersport. Machen Sie aber zumindest Spaziergänge.

- Pflegen Sie Ihre sozialen Kontakte, mindestens in Form von Telefonaten oder E-Mails, besser aber in Form von Treffen. Reden Sie über sich, aber hören Sie auch zu.
- Gönnen Sie sich genug Zeit für sich selbst, sofern Sie merken, dass Ihnen das gut tut. Planen Sie angenehme Erlebnisse bewusst ein.
- Verurteilen Sie sich nicht für Ihre negativen Gedanken. Vielleicht schaffen Sie es, sie auf einem Blatt in einer Spalte zu notieren – und rechts daneben versuchen Sie, Mutmacher-Gedanken zu notieren, selbst wenn diese nur ganz „klein" sind („Es war immerhin nicht völlig Sch..., dass ich ... gemacht habe").
- Reden Sie mit jemandem, wenn Sie Selbstmordgedanken haben. Schleppen Sie das nicht mit sich allein herum.
- Vermeiden Sie Schlafmittel und Alkohol. Sie helfen nur scheinbar, und die Suchtgefahr ist groß.

Das Fazit dieses Unterkapitels lautet:
Bleiben Sie der Herr / die Herrin über Ihre Gedanken!

Lesetipps:

Lyubomirsky, S. (2008): *Glücklich sein. Warum Sie es in der Hand haben, zufrieden zu sein.*
Seligman, M. (2007): *Der Glücks-Faktor. Warum Optimisten länger leben.*

5. Wie pflegen Sie Ihr gesundes Selbstwertgefühl?

Wir brauchen ein starkes Selbstwertgefühl, um seelisch gesund zu bleiben. Es schützt vor Kränkungen. Es macht uns kritikfähig und großzügig gegenüber anderen. Wenn man seelisch stabil ist, ist man nicht so schnell eingeschnappt, wagt sich mutiger an neue Herausforderungen heran und traut sich die Bewältigung stressiger Situationen eher zu. Für ein gutes Selbstwertgefühl können Sie etwas tun!

5.1 Selbstwertschätzung: Warum Sie stolz auf sich sein können

Tägliche Einzahlungen auf dem Selbstwertkonto

Das Selbstwertgefühl wächst nicht von allein. Man muss etwas dafür tun. Nehmen Sie am besten täglich Einzahlungen auf Ihrem Selbstwertkonto vor! Wie das geht? Indem Sie sich etwas Gutes gönnen und in Gedanken freundlich mit sich umgehen. Vielleicht kann nicht jeder Mensch sich selbst lieben; aber jeder kann sich zeigen, dass er sich selber schätzt – in Verhaltensweisen und in Gedanken.

Das geht ganz unabhängig von den Erfahrungen in der frühen Kindheit und dem weiteren Verlauf des Lebens. Als Kinder sind wir davon abhängig, wie andere uns behandeln. Das gilt auch im Hinblick aufs Selbstwertgefühl. Aber heute – als Erwachsene – sind allein wir selbst dafür verantwortlich, das Beste aus uns zu machen, nett zu uns zu sein und damit unser Selbstwertgefühl zu stärken. Wir alle müssen lernen, uns so anzunehmen, wie wir sind.

Etwas in Ihnen muss sagen können: „Ich habe es verdient, dass es mir gut geht, ich bin in Ordnung“. Dazu müssen Sie sich selbst mögen. Selbstwertschätzung ist die Basis des Selbstwertgefühls.

Sie haben überlebt!

Und tatsächlich dürfen Sie stolz auf sich sein: Sie haben bis heute überlebt. Das ist ein Erfolg. Irgendwie haben Sie es geschafft, obwohl Ihr Leben vermutlich nicht nur ein Zuckerschlecken war. Sie haben offenbar auf Fähigkeiten zurückgreifen können, die

Ihnen auch die Bewältigung schwieriger Situationen ermöglicht haben – vielleicht Durchhaltevermögen, Cleverness oder ein gutes soziales Netz. Das Wissen um diese Fähigkeiten kann Ihnen heute Kraft geben!

Menschen mit einem anscheinend stärkeren Selbstwertgefühl haben Ihnen nicht unbedingt eine glücklichere Kindheit voraus. Oder reichere Eltern. Oder jemanden, der früher mal an sie geglaubt hat. Sondern sie richten HEUTE das Augenmerk auf positive Dinge, sie betrachten sich mit einem liebevolleren Blick und gehen nett mit sich selbst um. Das ist alles. Falls Sie finden, dass Ihnen genau das heute schwerfällt, folgt hier die gute Nachricht: Das können Sie lernen! Und Sie sollten es lernen! Denn es ist wichtig für Ihre psychische Gesundheit, dass Sie viel von sich halten.

ÜBUNG

Was sind Sie sich wert?

Sicher kennen Sie den Spruch aus der Werbung: „Weil ich es mir wert bin." – Ohne jetzt Werbung für das dahinterstehende Produkt machen zu wollen: Das sollte Ihre Devise sein! Fragen Sie sich einmal, was Sie sich wert sind. Was tun Sie explizit, um sich selbst Gutes zu tun (vielleicht sogar entgegen den Wünschen anderer)? Vervollständigen Sie spaßeshalber einmal den Satz, der anfängt mit „Weil ich es mir wert bin, ..." Wie geht dieser Satz für Sie ganz persönlich weiter?

Weil ich es mir wert bin, ...

____

____

____

____

____

____

War das spannend? Fiel es Ihnen leicht oder schwer, den Satz sechsmal zu Ende zu führen? Schön, wenn Ihnen viel eingefallen ist! Das spricht dafür, dass Sie ein gutes Verhältnis zu sich selbst haben. Sie mögen sich. Das ist gut für Ihr Selbstwertgefühl. Es macht Sie auch großzügiger im Umgang mit anderen und deren Fehlern. Wer sich selbst etwas gönnen kann, profitiert nicht nur selber davon.

Und was halten Sie von den folgenden Sätzen?

Weil ich es mir wert bin ...
- wage ich es, ab und zu mal Nein zu sagen.
- setze ich mir regelmäßig Ziele.
- suche ich manchmal neue Herausforderungen.
- gönne ich meinem Körper Bewegung.

Sie sind noch mehr wert! Wetten?

Schön wäre es, wenn Sie sich jetzt noch ein paar Minuten Zeit gönnen und vier weitere, für Sie neue Verhaltensweisen hier notieren würden. Oder vielleicht warten Sie damit noch, bis Sie dieses Kapitel zu Ende gelesen haben. Am Schluss finden Sie nämlich noch ein paar wichtige Ausführungen über menschliche Bedürfnisse. Vielleicht bringt Sie das auf weitere Ideen.

Weil ich es mir wert bin, möchte ich in Zukunft ...

____

____

____

____

____

Das sogenannte „Innere Kind“

Vor einiger Zeit begann in der Psychologen-Szene der Begriff „Inneres Kind“ zu kursieren. Was zunächst klingt wie eine Regression in die frühe Kindheit, als wir noch mit Puppen spielten, ist in Wirklichkeit eine höchst hilfreiche Perspektive für Menschen, die ihr Selbstwertgefühl stärken möchten.

Es geht darum, sich selbst die Mutter zu sein, die einem vielleicht als Kind gefehlt hat. Oder der Vater, der zwar anwesend war, aber mental ständig im Büro oder so betrunken, dass er seine Vaterrolle nicht wirklich ausfüllen konnte. Und sich klarzumachen: Diese Phase des Lebens ist vorbei!

Sie sind nicht mehr die kleine Charlotte oder der hilflos-tappsige Klaus-Dieter von früher. Sie sind erwachsen. Und als Erwachsener verfügen Sie über unendlich mehr

Kompetenzen! Sie sind viel stärker als früher. Sie haben ganz andere Handlungsmöglichkeiten. Dass Sie im Stress manchmal vergessen, dass Sie sich in den letzten 20, 30, 50 Jahren ganz schön weiterentwickelt haben, ist normal. Machen Sie sich deswegen keine Sorgen!

Stress ist gemein

Das Gemeine am Stress ist nämlich, dass er insbesondere die Miesmacher-Gedanken aus unserer Kindheit im Kopf aktiviert – begleitet von den Gefühlen, die wir damals schon hatten: Angst, Ohnmacht, Hilflosigkeit. So kommt es, dass wir uns heute im Stress oft so fühlen wie in den schlechteren Situationen in unserer Kindheit: klein, blöd, hässlich, dümmer als unsere kleine Schwester. So, als könnten wir nichts tun und wären darauf angewiesen, dass andere für uns handeln.

Sie sind diesen Gefühlen und Gedanken aber nicht hilflos ausgeliefert. Genau so, wie Sie etwas gegen die depressiven Gedanken tun können, können Sie auch den selbstwertreduzierenden Gedanken etwas entgegensetzen und damit Ihre Gefühle verändern.

Trampelpfade im Gehirn

Auch hier gilt: Ein Gedanke fällt Ihnen umso häufiger ein, je öfter Sie ihn in der Vergangenheit schon gedacht haben. Unser Gehirn ist im Grunde faul, denn es nutzt immer dieselben Wege. Sie müssen es schaffen, den Weg mit dem selbstwertförderlichen Gedanken in Ihrem Hirn vom Trampelpfad zur Hauptverkehrsader zu machen: breit und ausgetreten durch häufige Benutzung. Denken Sie wieder und wieder bewusst an das, was Sie gut können.

- Wo liegen Ihre Stärken?
- Was können Sie besonders gut?
- Was zeichnet Sie aus?
- Was macht Sie zu einem unverwechselbaren Individuum?
- Worin unterscheiden Sie sich von anderen?
- Und ganz wichtig: Worauf sind Sie stolz?

Irgendwann werden diese Mut machenden Gedanken fast genauso schnell in Ihrem Gehirn aufblitzen wie die gemeinen Miesmacher-Gedanken aus der Kindheit. Dazu müssen Sie Ihr Gehirn aber wirklich trainieren. Nur ab und zu einen Blick auf die Liste der Mutmacher zu werfen, das wird nicht reichen. Vielleicht möchten Sie eine

Strichliste anlegen und bei jedem WC-Besuch – dann sieht Sie keiner – notieren, welche Mutmacher Sie in den vergangenen zwei Stunden gedacht haben. Auf diese Weise werden Sie mehrmals täglich mit den Mut machenden Gedanken konfrontiert. So entwickeln sich die Trampelpfade in Ihrem Hirn langsam zu ausgetretenen breiten Wegen ...

ÜBUNG

Zwei-Spalten-Technik für ein besseres Selbstwertgefühl

Wenn Sie sich wieder und wieder in Gedanken herunterputzen, sollten Sie das Ganze etwas systematischer angehen, und zwar so, wie Sie es schon im letzten Kapitel gelesen haben: Nehmen Sie ein DIN-A4-Blatt hochkant, und legen Sie zwei Spalten an: In der linken Spalte notieren Sie Ihre Miesmacher-Gedanken („Ich war schon immer das schwarze Schaf", „Mir gelingt nie etwas", „Alle anderen sind besser" etc.).

Und rechts daneben schreiben Sie, mit welchen Gedanken Sie sich Mut machen könnten. Es sollten Gedanken sein, bei denen Sie sich nichts einreden, sondern die Sie sich wirklich glauben können. Zum Beispiel: „Ich habe schon ganz andere Dinge geschafft", „Wenn mein Chef mir das zutraut, bin ich wohl die Richtige dafür", „Übermorgen hat der Stress ein Ende" oder „Die anderen kochen auch nur mit Wasser".

Miesmacher-Gedanken	Mutmacher-Gedanken
■ *Meine kleine Schwester war schon immer die hübschere von uns beiden.* ■ *Das schaffe ich nie! Die Arbeit ist mir viel zu viel!*	■ *Dafür bin ich die Beliebtere.* ■ *Aber mein Mann ist mir treu (ihrer nicht).* ■ *Es sind andere Dinge, die zählen.* ■ *Ich habe schon ganz anderes geschafft!* ■ *Was die Schmidtke kann, schaffe ich auch!* ■ *Ich kann Conni um Hilfe bitten.*

Andere können es besser?

Insbesondere im Stress denken wir, die anderen wären uns überlegen. Sie wären schneller, intelligenter, hübscher, reicher, begabter und vor allem glücklicher. Dabei unterliegen wir in der Regel einer Wahrnehmungsverzerrung. Die meisten Menschen neigen nämlich dazu, sich in Gesellschaft von ihrer besten Seite zu zeigen. Schwächen zuzugeben ist – zumal am Arbeitsplatz – nicht sehr verbreitet.

Lassen Sie sich von der vermeintlichen Stärke der anderen nicht blenden! Gehen Sie davon aus: Die anderen sind auch nicht glücklicher als Sie. Jeder hat sein Päckchen zu tragen. Und selbst der größte Strahlemann fühlt sich manchmal müde, traurig und einsam.

Suchen Sie stattdessen lieber nach Fähigkeiten, die Sie anderen voraushaben – nicht, um sich überlegen zu fühlen, sondern um gelassener umzugehen mit der scheinbaren Überlegenheit der Kollegen in anderen Bereichen des Lebens. Jeder Mensch ist einzigartig. Ziehen Sie Kraft aus Ihrer Individualität!

Sie können Ihr Selbstwertgefühl pflegen – es regelrecht aufpäppeln –, indem Sie einen Blick auf Ihre Vergangenheit werfen. Sie werden gleich sehen, wie das geht. Indem Sie heute aktiv gut für sich sorgen, päppeln Sie gleichzeitig Ihr Selbstwertgefühl. Wie das funktioniert, schauen wir uns im letzten Teil dieses Kapitels an.

Das Fazit dieses Unterkapitels lautet:
Seien Sie es sich wert!

5.2 Bewältigter Stress macht stark: Mentaltechniken zur Resilienzstärkung

Sie haben es oben schon gelesen, aber hier noch einmal zur Erinnerung: Stress als solcher ist nicht gesundheitsschädlich! Bewältigter Stress ist sogar höchst gesund: Er macht Sie nämlich stärker für zukünftige Herausforderungen. Er lässt Sie wachsen. Sie wissen, dass Sie sich auf sich selbst verlassen können, weil Sie schon viele Belastungen überwunden haben. Das gibt Kraft für den Umgang mit den nächsten Stressoren.

Resilienz – was ist das?

Seit einigen Jahren kursiert ein Begriff in der psychologischen Literatur, und auch in Frauenzeitschriften und Selbsthilfe-Foren konnte man schon darüber lesen: *Resilienz*, was auf Deutsch so viel heißt wie „Widerstandskraft“ oder „innere Stärke“. Gemeint ist damit die Fähigkeit, sich von Belastungen nicht unterkriegen zu lassen. Wie ein Schilfrohr, das bei aufkommendem Sturm zwar im Wind hin- und herwiegt, aber nie abknickt – eben weil es sich flexibel an die veränderten Lebensbedingungen anpasst. Der Stress (im Falle des Schilfrohrs der Wind) kann ihm nichts anhaben.

Wie ein Stehaufmännchen trotz aller Belastungen immer wieder ins Lot kommen – das können auch Sie! Haben Sie Lust, Ihre psychische Widerstandskraft zu stärken? Das ist nicht so schwierig, wie es sich vielleicht zunächst anhört. Für den ersten Baustein eines Resilienztrainings brauchen Sie nicht mehr als ein weißes Blatt Papier, einen Stift und eine halbe Stunde Zeit. Stellen Sie sicher, dass Sie während dieser Phase wirklich ungestört sind. Und schon kann es losgehen!

ÜBUNG

Anleitung für ein Resilienztraining

Sie nehmen das DIN-A4-Blatt, legen es quer und zeichnen zwei Achsen wie in einem Diagramm: Die X-Achse (das ist die horizontale Achse von links nach rechts) markiert Ihre bisherige Lebenszeit. Ganz links steht also die Null – da wurden Sie geboren. Markieren Sie dann alle fünf oder zehn Jahre Ihres Lebens durch einen kleinen Strich auf der Achse. Ganz rechts steht Ihr aktuelles Lebensalter.

Die Y-Achse (das ist die vertikale Achse von unten nach oben) bezeichnet Ihr Wohlbefinden: Im Nullpunkt fühlen Sie sich „neutral", „so la-la". Der obere Teil der Achse (Plusbereich) bedeutet, dass Sie sich wohlgefühlt haben; der untere Teil (Minusbereich) zeigt an, dass Ihr Wohlbefinden reduziert war, Sie sich also unwohl gefühlt haben. Bis jetzt sieht das Blatt ungefähr so aus:

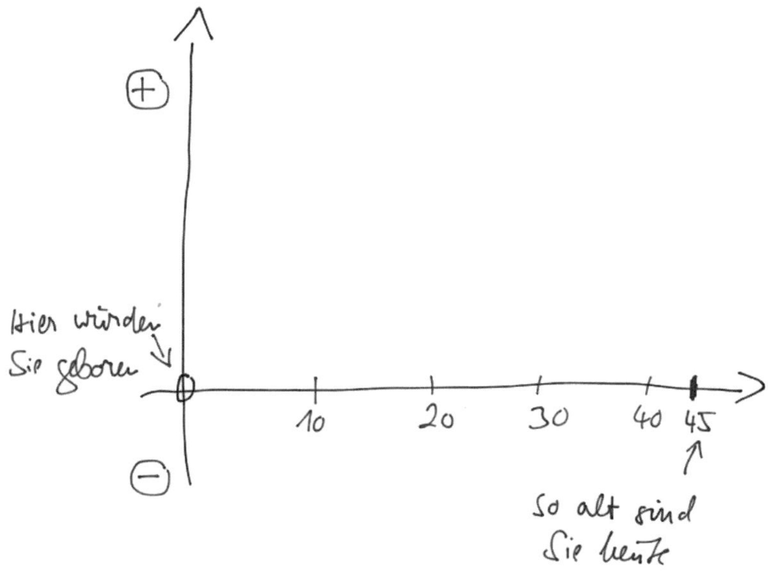

Nun tragen Sie ein, in welchem Lebensjahr es Ihnen wie gut ging. Am einfachsten orientieren Sie sich an einschneidenden Erlebnissen wie: Einschulung, Kennenlernen des ersten Partners, berufliche Umwälzungen – was auch immer für Sie von starker emotionaler Bedeutung war. Sie verbinden dann die einzelnen Punkte zu einer Linie und können so die Höhen und Tiefen Ihres Lebens erkennen.

Das sieht bei dem Beispielmenschen (Mann, 45) aus der Grafik von oben zum Beispiel so aus:

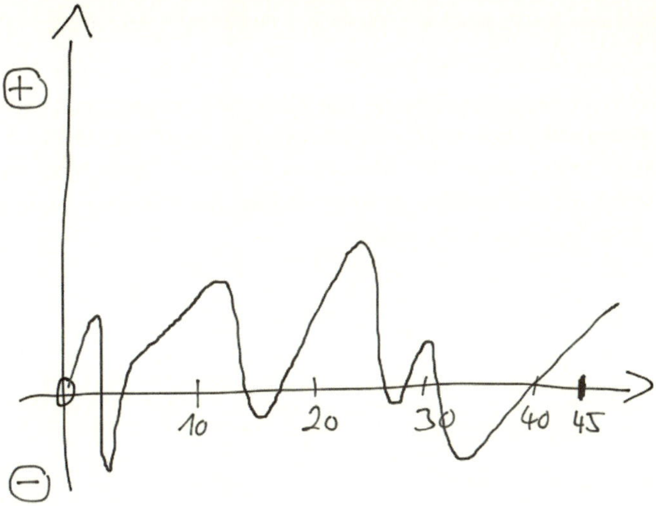

Und nun tragen Sie ein, welche Ereignisse Ihnen das Leben schwergemacht und Ihr Wohlbefinden reduziert haben.

Der Beispielmann hat, wie Sie unten sehen können, eingetragen: die Geburt des Bruders Tom (er fand, von da an kümmerten die Eltern sich nur noch um Tom); die Pubertät, als er von daheim abgehauen ist; die Zeit, in der er sein Studium hingeworfen hat; die Trennung von seiner Freundin Lisa. Alle Ereignisse haben sein Wohlbefinden „abstürzen" lassen.

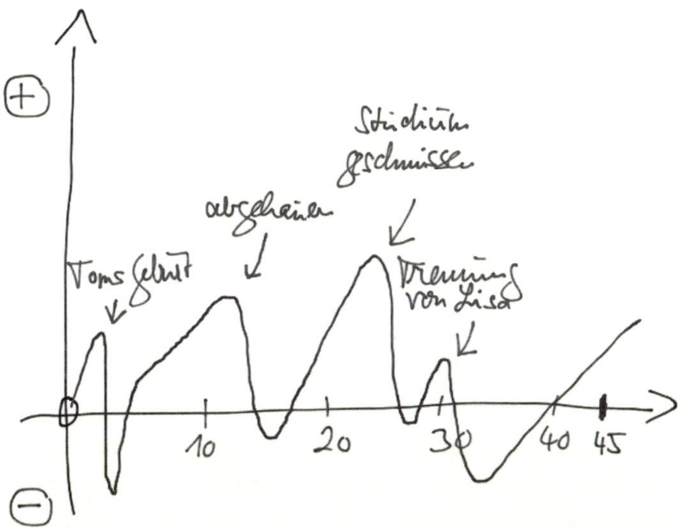

Spannend ist nun die Frage: Was hat Ihnen geholfen, aus den Krisen wieder herauszukommen? Wie haben Sie das geschafft? Was waren Ihre Erfolgsfaktoren dabei?

Unser Beispielmann hat notiert: Bei der Einschulung hat er gemerkt: „Leistung lohnt sich" – Mithilfe guter Noten konnte er die Zuwendung der Eltern wieder gewinnen. Als er seine erste Freundin hatte, spürte er: „Ich bin ein toller Typ, denn eine Super-Frau steht auf mich." Ein neuer Job mit 28 zeigte ihm: „Wenn ich mich richtig reinhänge, kann ich viel erreichen." Und schließlich ist er mit Mitte 30 Vater geworden, was in ihm die Überzeugung wachsen ließ: „Ich kann der Welt etwas geben".

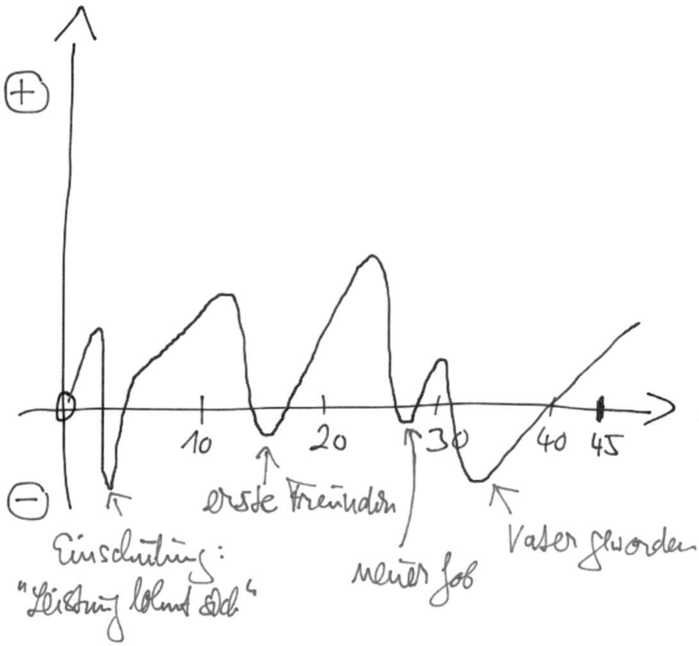

Das Lebensmotto finden

Solche Überzeugungen oder Erkenntnisse haben auch Sie! Das ist es, was Sie stark macht! Was Ihnen Kraft gibt, auch und gerade in Krisenzeiten. Es lohnt sich für Sie zu untersuchen, welche innere Einstellung jedem Aufstieg zugrunde liegt. Bei den meisten Menschen war es nämlich nicht das Geld von Onkel Udo, das ihnen geholfen hat, aus einer Krise herauszukommen, sondern es waren persönliche Überzeugungen wie: „Was ich wirklich will, das schaffe ich auch!", „Mein Leben ist bunt und nicht grau" oder: „Ich bin ein Vorbild für andere". Jede dieser Aussagen – sowohl die

o. g. Beispiele als auch diejenigen, die Sie für sich finden – könnte eine Art Lebensmotto sein.

Schreiben Sie Ihre persönlichen Überzeugungen auf kleine Zettel, die Sie zusammengerollt in der Hosentasche mit sich herumtragen können. – Auf diese Weise haben Sie immer eine Erinnerungshilfe bei sich: wie ein Symbol für Ihre innere Stärke.

Tagesbilanz ziehen

Vor allem ehrgeizige Menschen gehen hart mit sich ins Gericht. Sie werten ab, was sie als Erfolg verzeichnen könnten. Sie denken zum Beispiel: „Das war nichts Besonderes – das hätte jeder gekonnt". Und sie überbewerten, was in die Hose gegangen ist: „Das ist eine Katastrophe, und die ist typisch für mich!" Und dann baden sie sich in Selbstvorwürfen und Vorhaltungen. Das schadet dem Selbstwertgefühl.

Sie sollten es anders machen und stattdessen insbesondere in der letzten Stunde des Tages Ihr Augenmerk auf das richten, was positiv war. „Count your blessings" besagt ein amerikanisches Sprichwort: Zähle deine Segnungen! Das heißt so viel wie: „Blicke auf das Gute; auf das, wofür du dankbar sein kannst!" Manche packen diese Tagesrückschau auch in ein Gebet. Das gibt ihnen ein Gefühl von Geborgenheit (gut für guten Schlaf!).

Schauen Sie am Ende des Tages vor allem auf das, was Sie geschafft haben? Oder haben Sie einen Blick auf das, was Ihnen misslungen ist? Die Zeit vorm Schlafengehen eignet sich gut zum Bilanzziehen. Wenn Sie sich bettfertig machen (bitte nicht erst, wenn Sie im Bett liegen!), sollten Sie sich fragen, was Sie an diesem Tag gut hinbekommen haben. Das ist gesünder und besser für Ihr Selbstwertgefühl.

ÜBUNG

Ihr Erfolgstagebuch

Falls Sie fürchten, dass Ihnen nur Misserfolge einfallen würden, lautet die Empfehlung: Führen Sie ein Erfolgstagebuch! Notieren Sie jeden Abend zur selben Uhrzeit (am besten auch im selben Stuhl, am selben Tisch), was Ihnen an dem Tag gut gelungen ist – oder wenigstens: was nicht völlig danebengegangen ist. Dass das Aufschreiben außerdem Ihre Stimmung verbessern kann, haben Sie oben schon gelesen – ein wunderbarer Nebeneffekt!

Besonders „erfolgreich" wird Ihr Erfolgstagebuch sein, wenn Sie sich statt eines einfachen Schulhefts oder ähnlichem eine schöne Kladde besorgen. Vielleicht wählen Sie zum

Schreiben einen besonderen Füller aus, um auf diese Weise die Wertigkeit des Hefts und seiner Einträge für sich selbst zu betonen, genau wie beim oben beschriebenen Dankbarkeitstagebuch. Oder Sie erwerben für Ihr Notizbuch im iPad ein hübsches Cover im App-Store. Wichtig ist dabei das Signal an Sie selbst: „Was ich hier aufschreibe, ist wichtig und wertvoll."

So ein Erfolgstagebuch macht auf den ersten Blick ein bisschen Arbeit. Circa 10 bis 15 Minuten pro Tag müssen Sie investieren. Aber das lohnt sich für Sie! In Krisenzeiten können Sie darin blättern und sich wohltuend aufbauen. Sie werden sich beim Lesen an Ihre innere Stärke erinnern. Und Sie werden das Zutrauen haben, auch die aktuelle Situation erfolgreich bewältigen zu können.

Erfolge „selber machen"

Ihnen wollen keine Erfolgserlebnisse einfallen? Ihre Vergangenheit ist eine einzige Aneinanderreihung von Misserfolgen? Das stimmt so sicher nicht, denn immerhin ist es Ihnen gelungen, bis zum heutigen Tag zu überleben. Sie haben schon so einiges bewältigt. Aber wenn Ihnen rein gar kein Erfolg in den Sinn kommt, sind Sie im Moment das Opfer einer Wahrnehmungsverzerrung. Das können Sie ändern!

Im einfachsten Fall schaffen Sie sich die Erfolgserlebnisse selbst! Dazu brauchen Sie Ziele! *Nichts stärkt das Selbstwertgefühl mehr als das Erreichen selbstgesteckter Ziele.* Diesen Spruch könnten Sie sich eigentlich auf einen Post-It-Zettel schreiben oder in die Notizliste in Ihrem Smartphone – so wichtig ist er!

Im Idealfall ernten Sie zusätzlich die Anerkennung durch andere. Doch selbst wenn Ihnen keiner Beifall spendet (und als erwachsener Mensch sollte man versuchen, davon unabhängig zu sein): Für Sie und Ihr Selbstwertgefühl gibt es kaum etwas Besseres als einen Plan erfolgreich umzusetzen.

Ich meine jetzt nicht die Ziele, die Sie im letzten Zielvereinbarungsgespräch auf Wunsch Ihrer Führungskraft unterschrieben haben. Natürlich wäre es schön, wenn diese Ziele mit Ihren eigenen übereinstimmen würden, aber in der Praxis ist das selten der Fall. Stattdessen meine ich die Dinge, die Sie sich selbst aus freien Stücken vorgenommen haben.

Ziele geben Struktur

Ziele können Ihr Leben strukturieren. Sie sorgen für Ordnung. Deshalb sind sie auch so wichtig bei depressiven Verstimmungen. Das konnten Sie im vorigen Kapitel lesen. Und Ziele ermöglichen das Formulieren von Plänen. Letztere sind unverzichtbar.

Ein Ziel ohne Plan ist kein Ziel.

Es muss nichts Großes sein. Für den Anfang reichen ganz kleine Vorsätze, die Sie in die Tat umsetzen (einkaufen gehen; eine CD downloaden; Termine für Chorproben recherchieren; 15 Minuten Gitarre spielen; endlich das Küchenfenster streichen). Es genügt allerdings nicht, sich diese Dinge einfach vorzunehmen.

Ein Plan im Kopf ist kein Plan.

Zumindest nicht für Menschen, die ihr Selbstwertgefühl päppeln wollen (und erst recht nicht für Menschen mit einer depressiven Verstimmung). Wir brauchen Notizen. Etwas zum In-die-Hand-Nehmen und Festhalten.

ÜBUNG

Geben Sie es sich schriftlich!

Vielleicht ist das folgende Schema dabei nützlich für Sie:

PLAN

1. Was plane ich? ____________________
2. Bis wann will ich das erledigt haben? ____________________

UMSETZUNG

3. Damit war ich fertig am ____________ um ____________ Uhr

So einfach. Kein Geheimnis. Nichts Gigantisches. Sich Ziele vornehmen, Pläne machen: Auch damit päppeln Sie Ihr Selbstwertgefühl! Wenn Ihnen also keine Erfolgserlebnisse einfallen, sollten Sie sich einfach selber welche schaffen, indem Sie ein Ziel verfolgen und zu dessen Erreichung einen Plan aufstellen.

Das Fazit dieses Unterkapitels lautet:
Erinnern Sie sich an Ihre Erfolge!

5.3 Ein gesunder Geist im gesunden Körper: Was Sie wirklich brauchen

Uns Menschen gibt es nicht erst seit gestern. Unser Aussehen und unsere Verhaltensweisen haben sich über Tausende von Jahren entwickelt. Viele unserer körperlichen und seelischen Reaktionen und Bedürfnisse stammen tatsächlich noch aus der Urzeit – unser Gehirn hat sich einfach deutlich schneller weiterentwickelt als der Rest. Die heute weit verbreitete Vernachlässigung unserer Ur-Bedürfnisse hat Folgen, letztlich auch für unser Selbstwertgefühl.

Bewegung, Bewegung, Bewegung

In der Urzeit mussten wir lange Wege auf uns nehmen, um genug Nahrung zu finden. Das ist heute anders. Lebensmittel gibt es überall, man kann sie sich sogar liefern lassen. Wir brauchen also nicht einmal aus dem Haus zu gehen, um etwas zu essen zu bekommen. Aber unser Körper ist noch immer anders gepolt. Er geht davon aus, dass wir nicht nur durch Denken Energie verbrennen, sondern auch durch Bewegung. Muskeln, die wir nicht benutzen, lässt er verkümmern.

Dadurch wird der Körper schwächer. Und das merken wir: Unsere Leistungsfähigkeit lässt nach, wir bauen ab, im wahrsten Sinne des Wortes. Wenn die Haltemuskulatur nur noch schwach ausgebildet ist, stehen wir krumm da, mit hängenden Schultern – gar nicht gut fürs Selbstwertgefühl. Und für unsere Außenwirkung erst recht nicht. Wir wollen lieber „anders dastehen“: aufrecht, mit erhobenem Kopf. Das wirkt selbstbewusst.

Da gibt’s nur eines: Bewegung! Moderates Ausdauertraining, wenigstens aber ausgiebige Spaziergänge dreimal pro Woche fürs Herzkreislaufsystem. Und zusätzlich möglichst zweimal wöchentlich ein leichtes Krafttraining, damit die Muskeln spüren, dass sie noch gebraucht werden. Wenn Sie sich körperlich fit fühlen, geht es Ihnen auch seelisch gut. Körperliche Aktivität gibt Ihnen das Gefühl, Ihr Leben im Griff zu haben. Das stärkt ungemein.

Um das Körpergefühl und zugleich das Selbstbewusstsein zu verbessern, hilft insbesondere Frauen auch Bewegungstraining zu Musik. Ob Tanzen, Aerobic oder seit Neustem Zumba: Bewegung im Rhythmus ist wunderbar fürs Selbstwertgefühl. Auch eine konzentrative Bewegungspraxis wie Pilates, die zugleich die Dehnfähigkeit erhält und die Haltemuskulatur kräftigt, stärkt das Selbstbewusstsein – eben dadurch, dass man sich in dem Moment seiner selbst bewusst ist.

Wer sich selbst gern mag, der gibt dem Körper, was er braucht. Dazu gehören Bewegung und Erholung im Wechsel. Der Rhythmus von Anspannung und Entspannung lässt Sie innerlich ins Lot kommen und macht Sie stark.

Frische Luft

Verbrauchte Energien wieder auftanken – das geht am besten draußen in der Natur. Beim Sport können Sie die Bedürfnisse nach Bewegung und Frischluftzufuhr ideal verbinden. Aber auch ein zweckfreier Aufenthalt an frischer Luft ist gut für Sie: wie eine Frischzellenkur. Das Gehirn wird mit Sauerstoff versorgt, der Kopf fühlt sich wieder frisch, die Gedanken werden klarer. Wenn Sie von einem Spaziergang zurückkehren ins Büro, werden Sie sich psychisch stärker fühlen als vorher. Der Aufenthalt im Freien wirkt wie ein Schutzanzug.

Warum ist das so? In der Natur kann man weiter schauen als im Büro. Das hilft den Augen beim Entspannen. Die Weitsicht erleichtert es außerdem, Dinge neu zu priorisieren. In der Natur klärt sich wie von selbst, was für uns wirklich wichtig ist. Plötzlich wissen wir, in welcher Reihenfolge wir welche Probleme angehen möchten. An der frischen Luft haben wir die nötige Distanz, um eine neue Perspektive zu gewinnen. Das entstresst uns. Außerdem wirken die in der Natur vorherrschenden Farben Grün und Blau beruhigend.

Bewusste Ernährung

Auch durch eine ausgewogene Ernährung können Sie sich selbst zeigen, dass Sie sich mögen. Dabei zählt nicht nur das Was, sondern auch das Wie. Genuss erfordert nicht unbedingt viel Zeit, aber volle Konzentration. Wenn wir Essen einfach in uns hineinschlingen, während wir mental ganz woanders sind, zeigt sich in dieser Verachtung für die Nahrungsmittel vielleicht auch eine Verachtung für uns selbst.

Es ist jedenfalls Ausdruck von Selbstfürsorge, regelmäßig, bewusst und gut zu essen! Viele Menschen lassen die Mittagspause unter den Tisch fallen und essen stattdessen einen Joghurt und einen Apfel, während sie vorm Computer sitzen bleiben und privat surfen (oder gar direkt weiterarbeiten). Das ist weder eine erholsame Pause noch genussvolles Essen. Für die Psyche ist es dasselbe in Grün: vorm PC hocken und tippen. Achten Sie stattdessen darauf, langsam und konzentriert das zu essen, worauf Sie wirklich Lust haben – zumindest nach Feierabend. Sie sind es wert, sich daheim den Tisch zu decken und vielleicht sogar eine Kerze anzuzünden.

Denken Sie auch daran, während des Arbeitstages genügend Wasser zu trinken! Es ist unsere Betriebsflüssigkeit: Ohne Wasser läuft nichts. Das Gehirn ist weniger leistungsfähig, was sich in Konzentrationsstörungen niederschlägt. Wir sind weniger kreativ und fühlen uns schlapp. Und weil das Blut dick wird, bekommen viele Menschen Kopfschmerzen, wenn sie auf regelmäßige Wasseraufnahme verzichten. Oft hilft's, ein Glas und eine volle Flasche in Sichtweite auf dem Schreibtisch zu deponieren. Auf diese Weise vergisst man's nicht. Sie werden merken: Mit dem Wasser fließen auch die Gedanken!

Geistige Herausforderungen

Damit die Seele gesund bleibt, brauchen wir nicht nur einen gesunden Körper. Der Mensch lebt ja sprichwörtlich nicht vom Brot allein. Auch geistige Anregungen sind wichtig. Etwas Neues lernen und Herausforderungen suchen – das hält uns mental fit und macht uns stressresistenter. Wenn Sie sich dem Stress freiwillig aussetzen, kann er Ihnen nicht so viel anhaben, als wenn Sie sein Opfer sind bzw. sich als sein Opfer fühlen.

Wie Sie oben lesen konnten, ist das Erreichen selbst gesteckter Ziele ein Gesundheitsfaktor, der das Selbstbewusstsein stärkt. Wenn Sie sich Aufgaben suchen, die Sie herausfordern, gibt das Ihnen das Gefühl, Ihr Leben aktiv selbst zu gestalten. Solche Aufgaben können das Erlernen eines Musikinstruments sein, der Besuch eines Sprachkurses oder das Nähen eines Sommerkleides. Egal was: Alles ist gut, das Sie fordert, aber nicht überfordert. Im Idealfall haben Sie dabei viele kleine Erfolgserlebnisse. Die stärken Ihr Selbstwertgefühl zusätzlich!

Soziale Einbettung

Wir Menschen sind Herdentiere. Allein auf weiter Flur fühlen wir uns unwohl. Wir brauchen zumindest im Hinterkopf die Gewissheit, dass andere im Notfall für uns da wären. Die Einbettung in ein soziales Netzwerk ist so wichtig für unsere Gesundheit, dass dem Thema in diesem Buch ein eigenes Kapitel gewidmet ist.

An dieser Stelle sei daher nur kurz gesagt: Ein reges Sozialleben tut Ihnen gut! Der Kontakt zu Freunden, Verwandten, Nachbarn und Kollegen gibt uns Bestätigung und Sicherheit. Ein großer Teil unserer Identität gründet darauf, wie wir uns in Bezug zu anderen definieren. Erst im Umgang mit anderen Menschen stellt sich heraus, wer wir sind. Unser Selbstwertgefühl hängt stark davon ab, wie andere mit uns umgehen. Deshalb sollten Sie gut darauf achtgeben, ob die Menschen um Sie herum Ihnen gut tun oder nicht.

Es kann das Selbstwertgefühl stärken, wenn Sie Ihrerseits etwas für andere tun: Ehrenamtliches Engagement beispielsweise kann Ihnen die Gewissheit geben, wichtig zu sein und Ihren Platz in der Gesellschaft gut auszufüllen. Es kann sogar dem Leben Sinn geben. In jedem Fall sorgt es für ein gutes Gefühl: Helfer-Endorphine werden freigesetzt, sobald wir uns für andere Menschen einsetzen. Diese Chance zur Selbstwertstärkung sollten Sie sich nicht entgehen lassen ...

Pflege

Was der Mensch liebt, das pflegt er auch. Diese Weisheit bezieht sich auch auf die eigene Wohnung und auf das Erscheinungsbild. Das ist der Grund, weshalb Putzen glücklich macht. Eine saubere Wohnung gibt der Psyche das Signal: „Der Mensch, der hier lebt, ist es wert, in einer sauberen Umgebung zu sein; und deshalb ist er auch diesen Aufwand wert, den das Putzen verursacht."

Wer in einem Chaos haust, hat oft auch keine Klarheit im Kopf. Gemeint ist jetzt nicht das künstlerische Durcheinander, das manche Kreative brauchen, um Anregungen für ihre Schaffenskraft zu finden, sondern eine richtig unordentliche Wohnung. Darin fühlt man sich nicht wirklich wohl. Umgekehrt verhilft das Ordnung-Schaffen in der räumlichen Umgebung auch zu einem Gefühl von Ordnung im Kopf und im ganzen Leben. Wer Ordnung hält, zeigt sich: „Ich bin der Herr in meinem Leben." Das tut gut.

Das Ordnung-Halten bezieht sich auch auf das Erscheinungsbild. Eine depressive Episode äußert sich bei vielen Menschen als Erstes darin, dass sie sich selbst vernachlässigen. Plötzlich ist ihnen egal, was andere von ihnen denken oder wie sie aussehen. Sie gefallen sich selbst nicht mehr und finden es nicht der Mühe wert, sich zu pflegen. Umgekehrt – das haben Sie in Kapitel 4 schon gelesen – kann man es der depressiven Episode schwermachen, sich häuslich niederzulassen, indem man bewusst auf sich achtgibt, auch im Hinblick aufs äußere Erscheinungsbild und die Körperpflege.

Die Leitfrage über diesem Kapitel lautet ja „Wie pflegen Sie Ihr gesundes Selbstwertgefühl?" – und die Antwort ist im Grunde ganz einfach: indem Sie sich selbst pflegen! Viel Spaß dabei und viel Genuss!

Ein dickes Fell durch Entspannungstraining

Es ist sinnvoll, ein Entspannungstraining zu erlernen. Das haben Sie in diesem Buch schon häufiger gelesen. Einer der zahlreichen positiven Effekte ist: Sie bekommen ein stärkeres Selbstwertgefühl. Es wächst Ihnen ein dickeres Fell. Sie sind weniger kränkungsanfällig. Sie fühlen sich den Herausforderungen des Lebens besser gewachsen.

Es ist ein gutes Gefühl, quasi per Knopfdruck einen Zustand der Entspannung herbeiführen zu können. Wenn sich Ihr gesamtes vegetatives Nervensystem auf Ihr Kommando entspannt, verleiht Ihnen dies ein Gefühl von Stärke und innerer Gelassenheit. Und genau das brauchen Sie in stressigen Situationen.

Beim Entspannungstraining sind Sie im Hier und Jetzt. Sie genießen. Sie denken in dem Moment nicht an all die schlimmen Dinge, die morgen oder nachher oder in zwei Jahren passieren können, wenn Sie jetzt nicht sofort Vorgang XY zu Ende bringen. Nein, Sie sind achtsam bei dem, was Sie in diesem Augenblick erleben. Das ist Entstressung pur.

Obendrein verbessert das Entspannungstraining die Konzentrationsfähigkeit. Falls Sie sich doch einmal gekränkt fühlen sollten, wird es Ihnen leichtfallen, Ihre Aufmerksamkeit bewusst auf etwas anderes zu lenken. So brauchen Sie nicht stundenlang über Bemerkungen von Kollegen nachzugrübeln, sofern Sie das nicht wollen. Schäbige Gedanken werden sich nicht mehr so leicht wie früher in Ihren Kopf schleichen oder gar dort festsetzen.

Augen auf bei der Bilderwahl!

Welche Bilder lassen Sie in Ihre Psyche? Zum Beispiel beim Fernsehen. Falls Sie ein Fan von Krimis oder Gruselfilmen sind, sind auch viele brutale Bilder dabei. Ihr Gehirn vergisst solche Bilder nicht. Sie werden von anderen, neueren Bildern vielleicht überlagert, aber sie bleiben Ihnen trotzdem im Gedächtnis. Und in schlechten Zeiten kommen sie wieder hoch (und auch in guten Zeiten kann es sein, dass sie Ihren Schlaf ruinieren). Genau wie beim Essen, sollten Sie sich daher ab und zu fragen:

- Tut mir das wirklich gut, was ich da in mich hineinlasse?
- Werde ich mich danach besser fühlen?
- Werde ich gestärkt sein?

Falls Sie ehrlicherweise zugeben müssen, dass die Bilder Sie „einfach“ nur gut ablenken, sollten Sie die Stopp-Taste drücken. Sie haben Besseres verdient! Vielleicht möchten Sie sich aus Gründen Ihres persönlichen Gesundheitsschutzes eine DVD-

Sammlung mit Filmen zulegen, die Ihre Psyche stärken können. Häufig wird es sich dabei um humorvolle Filme handeln. Viele Menschen erleben auch Tier- oder Naturdokumentationen als wohltuend (psst, wir erzählen es nicht weiter, um Sie nicht in den Ruf eines Langweilers zu bringen ...).

Insbesondere in der letzten Stunde vorm Schlafengehen sollten Sie ausschließlich positive Bilder in Ihren Kopf lassen, egal ob durch Filme, Fotos oder Buchlektüre. Das lässt Sie einfach besser schlafen.

Machen Sie den Marsmännchen-Test!

Zum Schluss dieses Kapitels können Sie einmal testen, wie gut es um Ihre Selbstfürsorge bestellt ist – ob Sie wirklich gut für sich sorgen. Dafür möchte ich Sie zu einem kleinen Gedankenspiel einladen. Wichtig ist (wieder einmal), dass Sie sich ein paar Minuten Zeit gönnen und dabei ungestört sind. Und dann stellen Sie sich folgende Fragen (und falls Sie mögen, beantworten Sie sie schriftlich – oder machen sich Notizen in Ihrem Erfolgstagebuch):

- Was würde ein Außerirdischer denken, wenn er Sie aus dem Weltall betrachtet?
- Wenn er sich ganz nah an Sie heranzoomt: Könnte er sehen, dass Sie gut für sich sorgen?
- Woran könnte er das erkennen?

Denken Sie in alle Richtungen: Kleidung, Bewegungsgewohnheiten, Aussehen, Wohnungseinrichtung, Essverhalten, Frischluftaufnahme, Flüssigkeitszufuhr, Geselligkeitsverhalten, Freizeitverhalten, Abschalt- und Schlafverhalten, Arbeitsgewohnheiten usw.

Das Fazit dieses Unterkapitels lautet:
Sorgen Sie gut für sich selbst!

Lesetipp:

Conen, H. (2005): *Sei gut zu dir, wir brauchen dich. Vom besseren Umgang mit sich selbst.*

6. Wie gestalten Sie ein gesundes Sozialleben?

„Es ist nicht gut, dass der Mensch allein sei", befand der Apostel Paulus. Wieso eigentlich nicht, könnte man fragen. Schließlich ging Jesus auch in die Wüste ... Aber er kam wieder! Alleinsein-Können ist wichtig, aber der Kontakt zu anderen Menschen ebenso. Egal wie Sie zu Paulus stehen: Ein soziales Netz macht Sie stark – auch für den Umgang mit Stressoren in der Arbeitswelt.

6.1 Ihr soziales Netz: Warum Sie es brauchen

Ohne andere geht es nicht

Schon zu Beginn unseres Lebens sind wir auf andere angewiesen. Ohne die Fürsorge anderer Menschen könnten wir nicht überleben. Unsere erste soziale Bezugsgruppe ist die Familie. Im Kindergarten kommen erste Spielkameraden dazu. Später Klassenkameraden. Irgendwann vielleicht Kommilitonen. Und in jedem Fall Kollegen. Und Nachbarn gibt es auch noch, außerdem Vereinskameraden.

Wir sind umgeben von anderen Menschen. Das ist gut so. Je älter wir werden, desto weniger brauchen wir sie zwar zum Überleben (oder unter Umständen erst wieder gegen Lebensende). Aber für unsere Gesundheit und unser Wohlbefinden bleiben die anderen wichtig – in körperlicher Hinsicht, vor allem aber für die Psyche. Andere Menschen haben für unser Befinden viele verschiedene Funktionen:

- Sie geben uns ein Gefühl von Geborgenheit.
- Sie sorgen dafür, dass wir uns nicht allein fühlen.
- Sie bringen frischen Wind in unsere Gedanken.
- Sie helfen uns beim Bewerten und Einschätzen von Dingen.
- Sie bringen uns zum Lachen.
- Sie geben uns Tipps.
- Sie helfen uns bei Entscheidungen.
- Sie holen uns auf den Boden der Tatsachen.
- Sie geben uns Rückmeldungen zu unserer Person und zu unserem Verhalten.
- Sie helfen uns beim Lösen von Problemen.
- Sie unterstützen uns beim Stressabbau.

Erzählen entlastet

Es tut gut, wenn man sich Probleme von der Seele reden kann. Das entlastet. „Geteiltes Leid, halbes Leid", sagt das Sprichwort. Indem man darüber erzählt, lädt man seine Last vor dem Gesprächspartner ab und betrachtet sie gemeinsam. Dadurch distanziert man sich innerlich von der Last und schaut sie nun im Prinzip von außen an. Dadurch fühlt man sich leichter – erleichtert.

Ein anderer Weg, Belastungen loszuwerden, ist das Aufschreiben. Auch hierbei erleben viele Menschen ein Gefühl von Entlastung. Nachdem sie in ihr Tagebuch geschrieben haben, geht es ihnen besser, denn sie haben sich in mentaler Hinsicht von ihrer Last distanziert. Aber es fehlt einiges: Das Mitgefühl unseres Gesprächspartners, seine emotionale wie inhaltliche Einschätzung des Sachverhalts, seine Erklärung für unsere Reaktion, seine Lösungsvorschläge, seine Unterstützungsangebote.

Eine andere Sichtweise auf unser Problem kennenzulernen ist meistens hilfreich. So ein Perspektivenwechsel funktioniert jedoch nur im Dialog mit einem menschlichen Gegenüber. Das Aufschreiben ist im Vergleich zum Austausch mit anderen Menschen also eher ein Notbehelf.

Geselligkeit fördert Wohlbefinden

In sozialen Situationen fühlen wir uns wohler, als wenn wir allein sind – weniger traurig, weniger gelangweilt, weniger unzufrieden. Das kennen Sie bestimmt auch von sich selbst: In Gesellschaft lachen Sie mehr als allein ... Lachen und Lächeln sind wie sozialer Kitt. Sie schweißen uns zusammen und binden uns aneinander.

Es stimmt zwar, dass wir im Kontakt mit anderen manchmal nur so tun, als ginge es uns gut (dass wir also negative Emotionen unterdrücken), aber das Zusammensein mit anderen Menschen hebt trotzdem häufig die Stimmung. Ein Grund dafür liegt darin, dass hochgezogene Mundwinkel für die Ausschüttung von Glückshormonen sorgen – erstaunlicherweise sogar wenn das Lächeln nicht echt ist ...

Es gibt noch weitere Gründe dafür, dass wir uns in Gesellschaft meistens wohler fühlen als allein. Wir bekommen Bestätigung durch jedes Nicken oder Lächeln von anderen. Wenn Gesprächspartner unsere Ideen aufgreifen, tut uns das gut. Und wir fühlen uns sicherer. Das ist ein Relikt aus der Urzeit, wo ein vereinzelt umherlaufendes Individuum verstärkt Gefahren an Leib und Leben ausgesetzt war.

Zugehörigkeitsempfinden stärkt Identität

So arg wie in der Urzeit ist es heute nicht mehr. Aber noch heute stärkt das Aufgehoben-Sein in einer Gruppe unser Selbstwertgefühl. Wichtig für das Wohlbefinden ist dabei das innere Zugehörigkeitsgefühl, nicht die objektive Mitgliedschaft. Wenn wir uns zugehörig fühlen, wirkt das wie ein Signal unserer Psyche: „Ich bin okay, sonst wäre ich ja nicht ein Teil dieser Gruppe". Das tut uns gut, sogar wenn wir andere Gruppenmitglieder glücklicher einschätzen als uns selbst.

„Ich bin nicht allein" – Gedanken wie dieser bestätigen uns nicht nur, dass wir soziale Wesen sind, sondern auch, wer wir sind. Wir definieren uns über die Zugehörigkeit zu sozialen Gruppen. Das geschieht automatisch, zum Beispiel jedes Mal, wenn wir denken: „Ich bin eine Frau, eine Engländerin, eine Christin, eine Joggerin, eine Seniorin, eine Leserin, eine Motorradfahrerin, ein Vereinsmitglied".

Das Zugehörigkeitsgefühl gibt uns Sicherheit. Es stärkt uns den Rücken und ermöglicht uns Orientierung in einer komplexen Welt. Für Gruppen gelten Regeln; deren Befolgung sichert den Schutz durch die Gruppe. Selbst wenn wir in unserem Kulturkreis diesen Schutz nicht im Sinne körperlicher Verteidigung in Anspruch nehmen, tut es uns gut zu wissen: „Ich gehöre dazu". Unser Platz im Leben wird darüber definiert.

Wir brauchen einen Spiegel

Das Zugehörigkeitsgefühl ist die wichtige Basis für unser Selbstwertgefühl. Der zweite Schritt – zumindest bei einer gesunden Psyche – ist die Abgrenzung gegenüber anderen. Unsere Identitätsbildung oszilliert ständig zwischen uns und anderen; zwischen den Fragen: „Wo bin ich anders als die anderen?" und: „Wo bin ich genauso wie die anderen?" Dabei handelt es sich nicht um eine einmalige Festlegung, sondern in dem Spannungsfeld zwischen diesen beiden Fragen erfolgt immer wieder aufs Neue unsere Selbstdefinition.

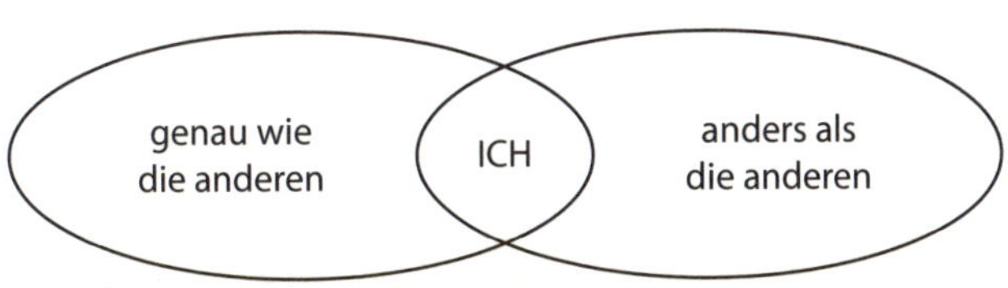

Abbildung 2: Die anderen als Spiegel

Das Selbstwertgefühl braucht einen Spiegel, um sich auszubilden. Wir definieren uns nicht nur über Zugehörigkeit, sondern auch über den Vergleich mit anderen, also letzten Endes über eine Abgrenzung. Eine gesunde Psyche kann aus beidem Kraft ziehen: aus der beruhigenden Erkenntnis, dass man in mancher Hinsicht genau so ist wie alle anderen, ebenso wie aus der aufregenden Erkenntnis, dass man in mancher Hinsicht anders ist als alle anderen.

Fest steht: Diese Einordnung unseres Ichs erfordert die Rückmeldung durch ein Gegenüber – besser noch mehrere. Nur im Kontakt mit anderen erfahren wir also, wer wir sind.

Die Gesundheit profitiert

Dass soziale Kontakte das Wohlbefinden fördern, konnten Sie gerade schon lesen. Und ihre positiven Auswirkungen gehen sogar noch weiter: Sie stärken die Gesundheit! Wer in sozialer Isolation lebt, schadet seiner Gesundheit damit genauso stark wie durch Übergewicht oder durch Rauchen. Sozial gut eingebundene Menschen leben länger. Bekannt ist zum Beispiel, dass verheiratete Männer sich nach einem Herzinfarkt deutlich schneller wieder erholen. Sie ernähren sich gesünder, pflegen einen Rhythmus im Leben und erhalten Zuwendung, die sie sich nicht täglich neu erkämpfen müssen.

Natürlich entscheidet auch die Qualität der Beziehung darüber, wie günstig sie sich auf die Gesundheit auswirkt. Es gibt Ehen, in denen die Partner sich gegenseitig das Leben zur Hölle machen. Aber grundsätzlich wirkt sich eine soziale Einbettung positiv auf die Gesundheit aus.

Der Partner allein ist nicht genug

Jeder sieht die Welt mit seinen eigenen Augen. Für eine ganzheitliche Wahrnehmung brauchen Frauen zur Ergänzung die Perspektive eines Mannes, und Männer die einer Frau. Wenn man die Welt verstehen will, muss man über den Geschlechterhorizont schauen. Der Austausch mit Angehörigen des anderen Geschlechts beinhaltet daher meist eine Bereicherung.

Insbesondere Männer sind häufig der Ansicht, es genüge, wenn sie sich mit ihrer Partnerin austauschen. Aber was passiert, wenn die Partnerin – aus welchem Grund auch immer – nicht zur Verfügung steht? Oder wenn die Partnerschaft selber das Problem ist? Dann braucht man eine außenstehende Person zum Austausch.

Grundsätzlich macht es Sinn, Einschätzungen verschiedener Menschen kennenzulernen. Wenn die Rückmeldung ausschließlich über ein und dieselbe Person erfolgt, steht unsere Identität auf wackligen Beinen. Perspektivenvielfalt ist gefragt, also die Absicherung durch mehrere andere: „Was halten die von mir, meiner Meinung, meinem Vorhaben?“

ÜBUNG

Machen Sie eine Netzwerk-Inventur

Ihr soziales Netz ist vermutlich größer, als Sie denken. Nehmen Sie sich doch gerade mal die Zeit und notieren Sie, wer alles zu Ihrem Netz dazugehört: Wen kennen Sie? Ziehen Sie den Kreis nicht zu klein! Denken Sie neben der Familie und Freunden auch an Bekannte, Kollegen, Nachbarn, Vereinsmitglieder etc. Vielleicht sogar facebook-„Freunde“?

Führen Sie diese Inventur als Liste, wie hier vorgeschlagen. Oder besser noch: Sie nehmen ein großes Blatt, schreiben „ICH“ in einen Kreis in der Mitte und zeichnen drumherum, wen es in Ihrem sozialen Netzwerk gibt. Dann können Sie direkt einzeichnen, wie nah oder fern Ihnen diese Menschen stehen.

Gönnen Sie sich hierfür ruhig eine Viertelstunde. Viele machen die Erfahrung, dass nach dem ersten Gedankenstrom eine Flaute einkehrt, dass ihnen aber nach weiteren fünf Minuten plötzlich doch noch viele weitere Personen in den Sinn kommen. Vielleicht möchten Sie in einem zweiten Schritt dazuschreiben, was Sie den jeweiligen Personen zu verdanken haben. Damit lenken Sie automatisch den Blick auf positive Aspekte Ihrer sozialen Kontakte.

Ihr Netzwerk: Wer gehört dazu?

- ______________________________
- ______________________________
- ______________________________
- ______________________________
- ______________________________
- ______________________________

Das Fazit dieses Unterkapitels lautet:
Ohne andere Menschen wären Sie nicht, was Sie sind!

6.2 Was gesunde Kontakte ausmacht – und worauf Sie dabei achten sollten

Wann ist ein Kontakt „gesund“?

Wenn Sie Ihr soziales Netz skizziert haben, wie oben beschrieben, sind vermutlich eine ganze Menge Menschen zusammengekommen. Darunter sind vielleicht auch Leute, an die Sie mit Unbehagen denken und denen Sie am liebsten aus dem Weg gehen. Die gehören auch zu Ihrem sozialen Netz, aber das heißt nicht automatisch, dass sie Ihnen gut tun.

Ihren Chef, zum Beispiel, können Sie nicht einfach so „rauswerfen“. Er ist Teil Ihres Sozialnetzes, auch wenn Sie ihn vielleicht nicht als unterstützend erleben. Bei anderen Kontakten ist es einfacher, über ihre Pflege oder Nicht-(mehr-)Pflege zu entscheiden.

Werfen Sie noch einmal einen Blick auf Ihr soziales Netz bzw. auf die Liste Ihrer Kontakte und entscheiden Sie:
- Wie fühlen Sie sich nach einem Treffen mit diesem Menschen?
- Was ist das Positive, Bereichernde an dieser Beziehung?
- Was war das schönste Erlebnis mit diesem Menschen?
- Können Sie in dieser Beziehung so sein, wie Sie wirklich sind?
- Ist das Verhältnis von Geben und Nehmen ausgewogen?
- Freuen Sie sich auf den nächsten Kontakt mit diesem Menschen?
- Tut dieser Mensch Ihnen gut?

Was tun bei „ungesunden“ Kontakten?

Es kann sinnvoll sein, den Kontakt zu Menschen, die einem nicht gut tun, zu reduzieren – zum Beispiel, wenn man sich von ihnen ausgenutzt fühlt. Wenn das Verhältnis von Geben und Nehmen nicht annähernd ausgeglichen ist, stimmt etwas nicht. Dabei kommt es übrigens mehr auf die subjektive Einschätzung an als auf objektive Bilanzen. Wenn jemand mehr Geld hat als der andere und daher den anderen öfter zum Essen einlädt als umgekehrt, kann trotzdem die Gleichung für beide stimmen – zum Beispiel wenn der Eingeladene wertvolle Tipps und Ratschläge für den anderen bereithält. Diese Beziehung kann in subjektiver Hinsicht wunderbar ausgeglichen sein, auch wenn in finanzieller Hinsicht ein Gefälle vorliegt.

Wenn Sie sich nach einem Kontakt regelmäßig schwächer statt stärker fühlen, sollten Sie über eine Kontaktreduktion nachdenken, denn es ist viel Kraft erforderlich, um diese Schwächung in anderen Beziehungen zu kompensieren. Daher sollten Sie sich gut überlegen: Haben Sie diese Kraft? Ist Ihnen die Beziehung das wert?

Wer sich in einer Beziehung dauerhaft abgewertet statt wertgeschätzt fühlt, sollte ebenfalls überlegen, ob der Preis angemessen ist oder nicht doch zu hoch. Und auch wenn die emotionale Qualität einer Beziehung eher negativ ist, zum Beispiel aggressiv, wenn die Beziehung vielleicht sogar krank macht, sollte man über die Möglichkeit eines Kontaktabbruchs nachdenken. Das kann schmerzhaft sein, aber es ist im Sinne der Gesundheit. Man hat dann mehr Zeit, um die Kontakte, die einem gut tun, wirklich zu pflegen.

(Gesunde) Kontakte muss man pflegen

Das Wort Kontaktpflege beinhaltet, dass man sich um die anderen kümmern muss. Man muss etwas tun. Bildlich gesprochen: Man muss das Pflänzchen gießen, damit es wachsen und gedeihen kann. Andernfalls verkümmert es. Manche Menschen lernen ruckzuck Scharen von Leuten kennen, berauschen sich am Kontaktesammeln – und sind wieder weg. Vielleicht befürchten sie, dass man sie nicht mehr mag, sobald man sie näher kennenlernt.

Echte Freundschaften müssen wachsen und reifen, um an Tiefe zu gewinnen. Es dauert eine Weile, bis man über jemanden sagen kann: „Der kennt mich, und ich kenne ihn." Zumindest wenn das Kennen über Musikvorlieben und Lieblingsfilme hinausgehen soll. Das erfordert Zeit und eben die Pflege dieses Kontakts – im einfachsten Fall bedeutet es: Zeit miteinander verbringen, live im selben Raum.

Wo das nicht möglich ist, kann Kontaktpflege auf andere Weise geschehen: schriftlich durch Austausch von E-Mails, Briefen oder SMS, telefonisch oder via Skype. Wie häufig man in Kontakt tritt, dazu kann es keine feste Regel geben. Aber man braucht die Gewissheit: „Der andere denkt an mich".

Wie viele Freunde braucht der Mensch?

Es ist nicht die Größe des Freundeskreises, die zählt. Wie so oft, kommt auch hier Qualität vor Quantität. Wichtig ist die Gewissheit, sich auf die anderen verlassen zu können statt von ihnen verlassen zu werden, sobald es brenzlig wird. Die dann bleiben, das sind die wahren Freunde. Daneben gibt es Menschen, die auch wichtig sein können, aber eben keine Freunde sind. Fragen Sie sich einmal, wenn Sie an Ihre Freunde denken:

- Können Sie sich auf diesen Menschen verlassen?
- Kommt dieser Mensch Sie besuchen, wenn Sie krank sind?
- Interessiert er sich für Sie (statt nur von sich zu erzählen)?
- Würde er Ihnen in der Not zur Seite stehen?
- Behält er Geheimnisse für sich?
- Zeigt er Ihnen, dass er Sie schätzt?

Wenn Sie nun beim Blick auf Ihr Sozialnetz feststellen, dass auf manche Ihrer Fußballstadion- oder „Saufkumpane" diese Aspekte nicht zutreffen: Macht nichts! Wenn Sie mit denen gut lachen können oder das Aufgehoben-Sein in der Gruppe genießen – prima. Wichtig ist nur, dass es daneben auch Menschen gibt, denen Sie sich anvertrauen können, wenn es Ihnen mal nicht gut geht.

Besser kein Einzelkämpfertum!

Tun Sie sich leicht damit, Hilfe von anderen anzunehmen? Vielen Menschen fällt das schwer. Sie wollen sich nicht abhängig machen. Und sie sind stolz darauf, alles allein zu schaffen. Daraus ziehen sie Selbstbewusstsein, und das gibt ihnen Kraft für schwierige Situationen.

Es ist wunderbar, sich stark zu fühlen. Aber jeder Mensch stößt irgendwann an Grenzen. Wir können nicht beliebig viel stemmen. Es wird immer wieder Situationen geben – je älter wir werden, desto mehr –, in denen wir auf die Unterstützung durch andere angewiesen sind. Und es wäre gut, wenn diese anderen dann da wären.

Und wenn wir es bis dahin gelernt hätten, Hilfe anzunehmen. Diese Fähigkeit ist bei vielen Lebenskünstlern schwach ausgeprägt. Wenn sie im Falle einer Erkrankung von anderen gepflegt werden müssen, ist das oft für beide Seiten die Hölle. Loslassen- und Vertrauen-Können sollte man daher am besten freiwillig lernen, bevor einen das Schicksal dazu zwingt.

Kleine Geschenke erhalten die Freundschaft

Diesen Spruch aus dem Volksmund kennen Sie sicher. Die Redensart wird oft ironisch im Zusammenhang mit Bestechungsversuchen zitiert, sie hat aber einen wahren Kern: Menschliche Kontakte sind nicht nur, aber auch Tauschgeschäfte. Wenn andere nett zu einem sind, möchte man sich dafür bedanken, zum Beispiel mit einem Geschenk.

Warum war der andere nett? Vielleicht weil er sich etwas davon versprochen hat: Dankbarkeit, Hochachtung, Freundschaft, Tipps, Rückmeldung. Doch nicht allein auf materieller Ebene entfalten Geschenke ihre Wirkung. Sie sind Bindemittel. Das gilt auch für Geschenke im übertragenen Sinn: ein offenes Ohr, Trostworte, Zustimmung, Anerkennung, offenes Feedback.

Vielleicht kennen und beachten Sie schon die folgenden Tipps zur Pflege sozialer Kontakte:

- Gewähren Sie einen Vertrauensvorschuss!
- Machen Sie anderen eine Freude!
- Geben Sie Schwächen zu!
- Zeigen Sie, dass Sie Verständnis haben für die anderen!
- Erzählen Sie anderen von positiven Erlebnissen!
- Lästern Sie nie!
- Verschenken Sie Ihr Lächeln großzügig!
- Geben Sie Rückmeldung (Lob, Kompliment, konstruktive Kritik)!
- Zeigen Sie Ihre humorvolle Seite!

ÜBUNG

Was tun Sie schon?

Machen Sie eine weitere Bestandsaufnahme im Hinblick auf Ihr soziales Netz: Überlegen Sie, welche Beiträge Sie zu den Beziehungen in Ihrem Leben leisten. Was tun Sie für wen? Warum sind Sie für wen wichtig? Was würde diesem Menschen fehlen, wenn es Sie nicht gäbe? Wie bereichern Sie sein Leben?

In meiner Beziehung zu ______________________ leiste ich folgenden Beitrag:

- ______________________
- ______________________
- ______________________
- ______________________
- ______________________
- ______________________

Sieger sind großzügig

Fühlen Sie sich eher als Verlierer oder eher als Gewinner des Lebens? Die Antwort auf diese Frage entscheidet darüber, wie großzügig Sie im Umgang mit anderen sind. Das gilt sogar für die Bereitwilligkeit zu Spenden! Selbst wer sich nur reich fühlt (auch im übertragenen Sinne), statt es wirklich zu sein, spendet bereitwilliger als jemand, der objektiv betrachtet vielleicht reich ist, sich aber zu kurz gekommen fühlt.

So lässt sich erklären, dass Verliebte in der Regel großherzig sind. Es geht ihnen gerade sehr gut, also wollen sie, dass es auch allen anderen Menschen sehr gut geht. Sie wollen ihr Glück mit anderen teilen und sind oft spendabel – anders als frisch Getrennte.

Wenn Sie sich selbst das Gefühl vermitteln wollen: „Das Leben meint es gut mit mir", gibt es einen ganz leicht umsetzbaren Tipp: Geben Sie großzügige Trinkgelder! Der Kellner freut sich, und Ihre Psyche empfängt das Signal: „Ich bin großzügig – also muss es mir gut gehen!" Viele Menschen bemerken übrigens bei sich selbst eine Stimmungsverbesserung, nachdem sie hohe Trinkgelder verschenkt haben.

Was ein Ehrenamt Ihnen bringt

Eigentlich besteht der Sinn eines Ehrenamts ja darin, anderen Menschen etwas zu bringen. Aber ich behaupte: Zu allererst bringt es Ihnen selbst etwas! Sie werden in mehrfacher Hinsicht davon profitieren – egal, ob es sich um den Vorsitz der Elternpflegschaft handelt, die Leitung des Kirchenchors, den Vorstand des örtlichen Karnevalsvereins oder den Fußballtrainer der F-Jugend.

Das Ehrenamt wird Sie bereichern! Erstens beweisen Sie sich damit wieder einmal, dass es noch etwas anderes als Arbeit in Ihrem Leben gibt. Und Sie werden sich wohlfühlen in dem Bewusstsein, ein guter Mensch zu sein. Wer sich für andere einsetzt, der ist ein guter Mensch. Das sehen Sie doch auch so, oder?

Hinzu kommt: Auch die anderen werden Sie für einen guten Menschen halten. Natürlich sollte man mit seinem Ehrenamt nicht angeben, aber Sie werden dabei zwangsläufig mit anderen Menschen Kontakt haben. Und die wissen, dass Sie Ihr Ehrenamt unentgeltlich ausüben. Es kann die Seele streicheln, wenn die Leute eine hohe Meinung von Ihnen haben. Und Helfer-Endorphine werden Sie auch noch ausschütten. Es wird Sie glücklich machen, auch wenn es Zeit und Mühe kostet. Und es macht die Welt ein bisschen besser.

ÜBUNG

Geben Sie es sich schriftlich!

Vielleicht möchten Sie Ihre Beziehungen noch ein bisschen bewusster gestalten, zum Beispiel alte Kontakte wieder auffrischen oder mal wieder einem Verein beitreten, einen VHS-Kurs besuchen oder Ähnliches. Dann ist das folgende Schema dabei vielleicht nützlich für Sie:

PLAN

1. Was (welchen Kontakt etc.) plane ich? ____________________
2. Warum will ich das? ____________________
3. Bis wann soll das passiert sein? ____________________

UMSETZUNG

4. Das habe ich erledigt am ____________________

Das Fazit dieses Unterkapitels lautet:
Pflegen Sie Beziehungen, die Ihnen gut tun!

6.3 Soziale Unterstützung als Belastungspuffer: sich aufgehoben fühlen im Team

Sich gegenseitig soziale Unterstützung geben

Ihre Kolleginnen und Kollegen sind Ihr soziales Netz am Arbeitsplatz. Sie können prima als Stresspuffer wirken, indem sie Ihnen signalisieren: „Du bist nicht allein." An der Situation selbst ändert sich – objektiv betrachtet – dadurch nichts. Aber die Situation bzw. der mit ihr einhergehende Stress wird anders bewertet, nämlich als weniger belastend.

Wer weiß, dass andere ihm im Notfall praktisch unter die Arme greifen können, fühlt sich stärker. Aber selbst wenn man dem Kollegen nicht die Arbeit abnehmen will oder kann, weil man gerade genug um die Ohren hat, ist soziale Unterstützung möglich: Verständnisvolle Trostworte wie: „Es ist wirklich krass im Moment" haben oft dieselbe Wirkung.

Blick aufs Positive: Auch das ist Unterstützung

Sogar Galgenhumor kann Ausdruck von Unterstützung sein. Mit Sätzen wie „Solange wir noch darüber lachen können ..." signalisiert man dem Kollegen, dass er nicht der einzige ist, der leidet. Das kann gut tun, sofern man nicht um die Wette jammert und sich damit gegenseitig runterzieht. Es sollte die Einstellung vermittelt werden: „Wir gehen gemeinsam durch diese schwere Zeit".

Eine schöne Form sozialer Unterstützung besteht darin, einander an Erfolge der Vergangenheit zu erinnern, wie etwa: „Wir haben doch schon ganz andere Sachen geschafft ..." – So erinnern sich die Kollegen an ihre Stärken. Was man hingegen nicht tun sollte ist, auf Schwächen oder Fehlern herumzureiten oder gar einander bloßzustellen. Gegenseitige Entlastung ist gefragt, durch Sätze wie: „Das kann doch jedem mal passieren."

Geben und Nehmen im Team

Das oben beschriebene Prinzip von Geben und Nehmen gilt auch im Team: Wenn Sie ab und zu Kollegen vertreten, zum Beispiel im Fall von Urlaub oder Krankheit, werden Ihre Kollegen eher dazu bereit sein, ihrerseits Sie zu vertreten. Wenn Sie ab und zu einen Kuchen mitbringen, verbessern Sie damit das Klima im Team und motivieren vielleicht Kollegen, es Ihnen gleichzutun. Machen Sie die ersten Schritte und vertrauen Sie darauf, dass die anderen nachziehen werden.

Es gehört zu einem guten Team dazu, dass die Starken die Schwachen zumindest teilweise mittragen. Problematisch wird es, wenn Teammitglieder sich ausgenutzt fühlen. Wer sich als Abteilungstrottel fühlt, weil die Kollegen ihn ausgeguckt haben und ihm immer wieder Mehrarbeit aufbürden, sollte sich deutlich zur Wehr setzen. Andernfalls ist die Führungskraft gefragt und muss für Umverteilung sorgen.

Wenn der Zusammenhalt gefährdet ist

Möglichkeiten zur Bildung von Subgruppen gibt es viele: Männer gegen Frauen, Kinderlose gegen Mütter, Tarifkräfte gegen Zeitarbeiter, Angestellte gegen Beamte, Erfahrene gegen Neulinge und so weiter. Die bloße Existenz von Subgruppen ist nicht weiter schlimm – solange die Gruppen noch miteinander reden und der Informationsfluss gewährleistet ist. Bei Ereignissen wie Betriebsfeiern oder Abteilungsbesprechungen spürt man ganz gut, ob es Gräben zwischen Gruppen gibt.

Falls ein Team zerstritten ist, geht das fast immer zu Lasten der Produktivität. Und wer will schon Mitglied einer „Loser-Abteilung" sein?! Sie sollten also auch in Ihrem eigenen Interesse ein Auge darauf haben, dass Ihre Kollegen sich nicht in zwei oder mehr Teams aufsplitten. Pflegen Sie ganz bewusst Kontakte zu allen Gruppen.

In schwierigen Fällen hilft oft nur eine Teamentwicklungsmaßnahme: Ein oder zwei externe Trainer arbeiten für einen oder zwei Tage mit dem gesamten Team, vielleicht sogar außerhalb des Arbeitsplatzes. Im Idealfall fühlen sich alle von Anfang an wohl, und am Ende hat sich aus verfeindeten Splittergruppen eine homogene Gruppe gebildet, die am selben Strang zieht.

Was tun für einen guten Teamzusammenhalt?

Sie sollten nicht unterschätzen, wie groß Ihre Einflussmöglichkeiten auf das Miteinander im Team sind! Wenn Sie sich deutlich gegen die Ausgrenzung eines Kollegen aussprechen oder diesen bei Aktivitäten bewusst mit hinzuziehen, setzen Sie damit ein Signal. Gleiches gilt, wenn Sie sich aus Lästerrunden in der Teeküche zurückziehen, etwa mit Worten wie: „Lästern könnt ihr gern ohne mich".

Wenn Sie etwas tun möchten für einen größeren Zusammenhalt in Ihrem Team, können die folgenden Tipps wertvoll für Sie sein:

- Lästern Sie nicht.
- Ergreifen Sie Partei für Schwächere.
- Seien Sie großzügig mit wertschätzenden Gesten.
- Teilen Sie Freude (erzählen Sie von schönen Erlebnissen).
- Sprechen Sie Konflikte offen an.
- Gehen Sie mit unterschiedlichen Kollegen zum Mittagessen.
- Lassen Sie sich nicht auf eine Seite ziehen.
- Lassen Sie sich nicht von einer Person in Beschlag nehmen.
- Achten Sie darauf, sich nicht zu „Scheffes Liebling" zu entwickeln.
- Reden Sie nur gut übereinander.
- Beziehen Sie bei Teamaktivitäten alle mit ein!

Weitere Ideen für ein gesünderes Klima im Team finden Sie in Kapitel 9.

Das Fazit dieses Unterkapitels lautet:
Gestalten Sie den Kontakt unter Kollegen im Team aktiv mit!

Lesetipp:

Brüggemeier, B. (2010): *Wertschätzende Kommunikation im Business. Wie Sie die Gewaltfreie Kommunikation im Berufsalltag nutzen.*

7. Wie schaffen Sie sich einen stabilen Lebensrhythmus?

Unser Leben vollzieht sich im rhythmischen Wechsel von Energieverbrauch und Energieaufladung. Wir leisten etwas, und dann ruhen wir uns aus. Wir arbeiten acht Stunden am Tag, danach haben wir Feierabend. Wir arbeiten fünf Tage hintereinander, danach ruhen wir uns zwei Tage lang aus. Wir arbeiten ein paar Monate am Stück, dann haben wir zwei oder drei Wochen Urlaub. So sollte es zumindest sein ...

7.1 Leben im Rhythmus – warum ist das gesund?

Urform menschlichen Daseins

Schon weit vor unserer Geburt spüren wir Rhythmus: den Herzschlag der Mutter, das gleichmäßige Heben und Senken ihres Bauches beim Ein- und Ausatmen – ein Grund dafür, dass wir uns schon als Kleinkinder am besten durch rhythmisches Wiegen oder Schaukeln beruhigen lassen.

Auch für uns Erwachsene hat ein stabiler Lebensrhythmus etwas Beruhigendes. Er sorgt für innere Ausgeglichenheit und gibt uns Halt. Er entspricht unserem ursprünglich von der Natur angelegten Programm: In der Urzeit gingen Menschen auf die Jagd, erlegten ein Tier, schleppten es zur Höhle, tanzten während der Garzeit ums Feuer, aßen das Tier – dann hatten sie Sex, und dann schliefen sie. Soweit der Prototyp. Er basierte auf einem Wechsel von Anspannung und Entspannung.

Der menschliche Organismus ist nicht darauf ausgerichtet, permanent Höchstleistungen abzuliefern. Er kann das eine Zeit lang, aber irgendwann sind die Muskeln müde, der Blutzucker ist verbraucht, die Konzentration lässt nach. – Der Mensch möchte sich nach der Anspannung entspannen.

Das Grundbedürfnis nach Rhythmus wird missachtet

Im Grunde sind wir in physischer Hinsicht noch immer auf den Wechsel von Spannung und Entspannung programmiert – aber wir folgen ihm nicht mehr. Der heutige Arbeitstag ist für viele Menschen geprägt von pausenlosem Durcharbeiten, von

Arbeiten auch nach Feierabend, ja sogar von Arbeiten im Urlaub. Eine Befragung von monster.de von über 12.000 Menschen ergab, dass 17 % überhaupt nie mit dem Arbeiten aufhören. Zwei Drittel bleiben auch im Urlaub erreichbar, ein Viertel fragt im Urlaub die E-Mails und den Anrufbeantworter ab.

Echte arbeitsfreie Intervalle verschwinden zunehmend. Die Freizeit wird regelrecht „getränkt“ durch Arbeit. Wissensarbeiter und kreativ Tätige finden das oft gar nicht schlimm; sie sprechen sich gegen eine künstliche Trennung von Arbeit und Freizeit aus, weil sie ihre Arbeit lieben. Trotzdem brauchen auch sie Zeiten, in denen Arbeit mal keine Rolle spielt. (Es spricht ja nichts dagegen, sich eine Notiz zu machen, wenn einem während des Spiels mit den Kindern eine gute Idee kommt.)

Folgen für die Gesundheit

Zumindest eine erzwungene Durchmischung von Arbeit und Freizeit ist problematisch im Hinblick auf die psychische Gesundheit. Dabei muss „erzwungen“ nicht gleichbedeutend sein mit „steht so im Arbeitsvertrag“. Entscheidend sind vielmehr die unausgesprochenen Normen, die in einem Team herrschen. Wer etwa angepflaumt wird, weil er auf eine E-Mail auch nach drei Tagen (Urlaub) noch nicht geantwortet hat, der wird sich in Zukunft überlegen, ob er nicht doch fortan abends seine Mails checkt.

Der fehlende Wechsel von Energieverbrauch und Energieaufladung hat Folgen für die Gesundheit: Eine Untersuchung der Techniker Krankenkasse zeigte beispielsweise, dass bei 57 % der befragten Männer beruflicher Stress Ursache von Schlafstörungen war. Wenn die Schlaffähigkeit leidet, leidet auch die Erholungsfähigkeit. Und unerholt kann niemand gute Leistungen bringen. Man muss sich umso mehr anstrengen – ein Teufelskreis, der beginnt, sobald der Rhythmus gestört ist.

Umgekehrt ausgedrückt: Wer rhythmisch lebt, tut seiner Gesundheit damit etwas Gutes. Der physischen und der psychischen. Ohne Auftanken, Luftholen, Zur-Ruhe-Kommen gehen Körper und Psyche auf Dauer kaputt – beim Leben im Wechsel hingegen werden Körper und Psyche stärker. Man spricht auch vom Stress-Impfungs- oder Stress-Immunisierungseffekt, der immer dann einsetzt, wenn man auf eine Stressphase bewusst eine Erholungsphase folgen lässt. So wird man noch fitter für die Auseinandersetzung mit dem nächsten Stressor.

Anspannung – Entspannung

Sie brauchen also einen Wechsel von Anspannung und Entspannung. Genauso könnte man auch schreiben: Energie investieren – Energie auftanken. Oder eben: Stressoren – Ressourcen. Wichtig ist, dass Sie diesen Wechsel möglichst bewusst gestalten, sich also nicht als Opfer der Anspannung fühlen, sondern sich zum Beispiel sagen: „Das ist okay, dass ich im Moment diesen Stress erlebe – solange ich danach wieder auftanken kann, macht mich das umso stärker."

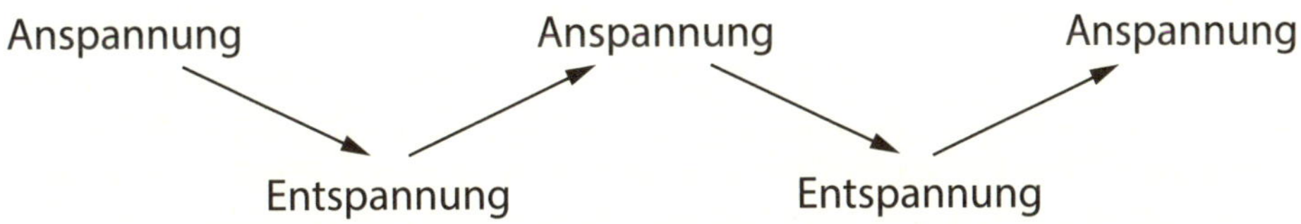

Abbildung 3: Wechsel zwischen Anspannung und Entspannung

Problematisch für die Gesundheit wird Stress erst dann, wenn Sie die „grüne Phase" danach unter den Tisch fallen lassen. Wenn Sie also weiterhin auf Hochtouren fahren. Dafür sind wir nicht gemacht. Dann wird über kurz oder lang ein Organ oder die Psyche verschleißen. Wichtig ist, dass Sie den Rhythmus Ihres Lebens im Auge behalten. Eine Möglichkeit dafür liefert Ihnen Ihre Atmung – sogar dann, wenn Sie wirklich keine Minute übrig haben.

Ihre Atmung: Rhythmus im Kleinstformat

Atem – das ist Rhythmus pur. Es leuchtet sofort ein: Nur ausatmen, das kann nicht gut gehen; nur einatmen auch nicht. Wir brauchen den Wechsel. Bei der Atmung geschieht dieser Wechsel unbewusst von selbst. Wir brauchen nicht darüber nachdenken. Wir *können* aber darüber nachdenken, wenn wir wollen. Und wir können den Atem nutzen, um innerlich zur Ruhe zu kommen, indem wir uns auf seinen Rhythmus besinnen.

Das Gute daran ist: Sie haben Ihren Atem immer dabei. Anders als eine CD mit Phantasiereisen oder Entspannungsmusik brauchen Sie keine Materialien, wenn Sie mithilfe Ihrer Atmung entspannen wollen. Konzentrieren Sie sich einfach auf das gleichmäßige Aus und Ein Ihrer Atmung.

- Lenken Sie anfangs Ihre Konzentration primär auf den Ausatem.
- Beobachten Sie, wie sich mit jedem Ausatmen Ihre Bauchdecke senkt.
- Achten Sie darauf, wie der Einatem ganz von selbst durch die Nase hereinströmt – ohne dass Sie etwas dafür tun müssen.
- Zählen Sie gedanklich mit bei jedem Atemzug: aus – 1, ein – 2, aus – 3, ein – 4, aus – 5, ein – 6 und so weiter. Nach 10 beginnen Sie wieder von vorn.

Was passiert, wenn Sie auf diese Weise Ihre Aufmerksamkeit auf den Atem lenken? Gleich viel Gutes auf einmal: Sie konzentrieren sich (und tatsächlich verbessert sich durch solche Übungen die Konzentrationsfähigkeit). Das heißt auch: Sie denken in dem Moment nicht an Stress. Zweitens spüren Sie Rhythmus. Das ist eine psychische Beruhigungsmaßnahme, die sogar schon in der Zeit vor Ihrer Geburt gewirkt hat. Drittens wird Ihre Atmung ruhiger – und nimmt das gesamte vegetative Nervensystem mit: Der Blutdruck sinkt, die Anspannung sinkt, die Pulsfrequenz sinkt.

Und das alles, weil Sie bewusst auf Ihren Atem geachtet haben. Super, oder?

Das Fazit dieses Unterkapitels lautet:
Achten Sie auf Wechsel!

7.2 Wie Sie richtig Pause machen und Feierabendrituale pflegen

Erholung ist ein Kontrasterlebnis

Der Wechsel ist eine Grundvoraussetzung für Erholung. Wichtig ist, dass Sie in Ihren Pausen etwas anderes machen als während der Arbeitstätigkeit. Wenn Sie viel am Bildschirm arbeiten, ist eine vor dem Bildschirm verbrachte Pause nicht wirklich erholsam. Der Psyche ist es fast egal, ob Sie am PC arbeiten, eine Reise suchen, einen Partner oder eine neue Wohnung finden wollen: Solange Ihr Körper in derselben Haltung vor dem Bildschirm hockt wie während der Arbeit, ist es dasselbe in Grün. Sie brauchen zur Erholung ein Kontrastprogramm.

Bewegung ist so ein Kontrast. Oder das Schwätzchen mit Kollegen. Oder auch genau das Gegenteil: Wenn Ihre Arbeit darin besteht, anderen Menschen zuzuhören, dann brauchen Sie zur Erholung kommunikationsfreie Intervalle – also Zeiten, in denen Ihnen niemand etwas erzählt und Sie auch nicht auf andere einzugehen brauchen.

Die Sache mit dem Kontrast gilt ebenso für Ihren Feierabend und für Ihren Urlaub: All diese arbeitsfreien Zeiten sind erst dann erholsam für Sie, wenn Sie etwas anderes tun, anderes sehen, anderes erleben. Häufig erleichtert ein Ortswechsel dieses „Anders-Sein".

Zehn-Sekunden-Minipause

Auch und gerade wenn der Stress groß ist, helfen winzige Besinnungspausen. Ein paar Sekunden reichen, in denen Sie mental das Hamsterrad verlassen und sich innerlich neu ausrichten. Zum Beispiel, indem Sie sich sagen: „Ich mache meinen Job gern" oder: „Ich habe mich für diese Arbeit bewusst entschieden, weil sie zu mir passt" oder: „Ich bin der Profi auf meinem Gebiet".

Sie können auch in Zeitlupe ein Glas Wasser trinken. Konzentrieren Sie sich dann für zehn Sekunden ganz auf die Kühle des Glases in Ihrer Hand, an Ihren Lippen und darauf, wie sich die Flüssigkeit in Ihrem Mund anfühlt. Stellen Sie sich vor, wie jeder Tropfen in Ihrem Körper zu den Zellen transportiert wird, die gerade Wasser brauchen. Schließlich ist Wasser unsere Betriebsflüssigkeit: Ohne es läuft nichts.

Oder Sie schauen für zehn Sekunden auf ein Urlaubsfoto auf Ihrem Schreibtisch; Stellen sich noch einmal vor, wie Sie sich damals gefühlt haben, erinnern sich an die Sonne auf der Haut oder an das Geräusch von Wind in den Bäumen. Vielleicht können Sie sich sogar vorstellen, wie es damals gerochen hat. Sie werden staunen, wie sich ganz von selbst Ihre Atmung vertieft, wenn Sie sich solche Zehn-Sekunden-Auszeiten nehmen.

Basiskompetenz Genuss

Wichtig ist, dass Sie sich diese Anregungen und Genusserlebnisse auch tatsächlich gönnen. Alles, was Sie sich selbst zuliebe unternehmen, ist eine Streicheleinheit für Ihre Seele und zugleich eine Einzahlung auf Ihr Selbstwertkonto. Sie zeigen sich damit, dass Sie große Stücke auf sich selbst halten. Gönnen Sie sich Genuss! Dann fällt auch das Abschalten leichter. Im Augenblick des Genießens konzentrieren Sie sich ja auf etwas, das mit der Arbeit nichts zu tun hat. Sie sorgen quasi für Ordnung im Gehirn: Sie denken einen (!) Gedanken zu einem (!) Zeitpunkt (und nicht 1000 Gedanken zur selben Zeit). Der Genuss ermöglicht es, auf diese Weise mental zur Ruhe zu kommen.

Sie denken zum Beispiel nur an den Apfel, den Sie gerade in der Hand halten, dessen Schale sich glatt anfühlt, der süß oder sauer schmeckt, dessen Fruchtsaft Ihnen gut tut, der Sie vielleicht sogar an den Sommer denken lässt und so weiter. Nehmen Sie den Apfel mit allen Sinnen wahr. Das dauert nicht lange. Es macht den Kopf frei und tut Ihnen gut.

Pausen = arbeitsfreie Intervalle

Die Konzentration auf den Apfel ist auch deshalb so wohltuend, weil Sie in dem Moment nicht an die Arbeit denken. Eine Pause muss eine arbeitsfreie Zeit sein, sonst ist sie keine Pause, sondern ein Weiterarbeiten mit anderen Mitteln oder in einer anderen Umgebung.

Die Deutschen machen zusätzlich zur Mittagspause bis zu sechsmal täglich Pause – aber sie machen es nicht richtig: „Mal eben die Mails checken" ist keine Pause, Surfen ist keine Pause, über die Arbeit schwätzen auch nicht. Richtig Pause machen, das bedeutet:

- woanders sein (zumindest eine andere Körperhaltung einnehmen und etwas anderes sehen)
- etwas anderes tun
- an etwas anderes denken

Am leichtesten fällt einem das Pause-Machen in der Regel, wenn man sich tatsächlich vom Arbeitsplatz entfernt. Ein paar Schritte, notfalls ins Treppenhaus, den Blick aus dem Fenster schweifen lassen – so begreift man plötzlich wieder, dass es noch etwas anderes im Leben gibt als die Arbeit, an der man gerade noch gesessen hat. Das klärt den Blick und den Kopf. Die Prioritäten werden wohltuend neu geordnet.

ÜBUNG

Gönnen Sie sich ein Tagesabschluss-Ritual

Die Arbeitszeit ist zu Ende, und am liebsten würden Sie einfach so hinausstürmen, hinein in den Feierabend? Tun Sie's nicht! Es ist sinnvoller für Sie, der Arbeit quasi „tschüss" zu sagen. Etablieren Sie eine Art Tagesabschluss-Ritual, indem Sie noch im Büro beispielsweise in Gedanken den Tag Revue passieren lassen: Was war heute? Was haben Sie alles geschafft? Mit wem haben Sie geredet?

Und dann werfen Sie einen Blick auf den nächsten Tag: Was steht an? Woran werden Sie morgen weiterarbeiten? Was brauchen Sie dafür? Wenn Ihnen etwas Wichtiges einfällt („Darf ich nicht vergessen"): Schreiben Sie es auf. Dann geht es nicht verloren, und Sie müssen nicht weiter während Ihres Feierabends darüber nachdenken.

Danach räumen Sie vielleicht den Schreibtisch auf, bringen die Kaffeetasse zur Spülmaschine, fahren den PC herunter, schließen das Büro ab, gehen zum Zeiterfassungsgerät. Es macht Sinn, eine dieser Verhaltensweisen zu einer Art Schlüsselreiz zu machen. Etwa, indem Sie jedes Mal, wenn Sie die Kaffeetasse einräumen, denselben Gedanken denken: „Feierabend!" Dabei atmen Sie aus und lassen die Schultern fallen. Wenn Sie das drei Wochen lang jeden Tag denken, verknüpft Ihr Gehirn die Verhaltensweise „Tasse einräumen" mit dem Feierabend. So ein bewusst wahrgenommener Schlusspunkt des Arbeitstages sorgt für Ordnung im Gehirn: Jetzt fängt etwas Neues an!

Abschalten wörtlich nehmen

Dass tatsächlich etwas Neues beginnt – Ihr Feierabend also ein Kontrasterlebnis darstellt –, setzt allerdings voraus, dass Sie sich auch mental auf etwas Neues einlassen können. Das wird schwierig, wenn Ihr Berufshandy eingeschaltet bleibt oder Sie sogar eingehende E-Mails immer wieder während des Feierabends auf Ihrem Smartphone checken. Dann verschwimmen die Grenzen zwischen Arbeit und Freizeit.

Schalten Sie's ab! Das Smartphone, aber möglichst auch alle anderen technischen Geräte, die Ihnen neue Reize präsentieren, mit denen sich Ihr Gehirn dann herumschlagen muss. Versuchen Sie, sich wenigstens fünf Minuten Reizarmut zu gönnen. Eine kurze Zeit ohne Radio, Telefon, Fernseher. Einfach nur das Tomatenbrot und Sie. Oder wie oben: der Apfel und Sie. Falls Sie kleine Kinder haben, ist das mit der Konzentration aufs Tomatenbrot nicht gut möglich. Stattdessen können Sie aber vielleicht einen Feierabend-Apfel mit voller Konzentration essen, bevor Sie sich daheim ins Familiengetümmel stürzen.

Übrigens: Viele Menschen haben die Erfahrung gemacht, dass sie entspannter daheim ankommen, wenn sie während der Heimfahrt das Autoradio ausgeschaltet lassen.

Liegen = Schlafen, Schlafen = Liegen

Schlafen kann doch jeder, sollte man meinen. Leider aber geht vielen Menschen die Schlaffähigkeit im Laufe des Lebens verloren. Zum Teil hat es hormonelle oder andere körperliche Gründe, wenn wir nicht mehr so gut schlafen wie früher. Zum anderen aber gibt es Verhaltensweisen, die den Schlaf systematisch zerstören und die man leicht abstellen könnte. Eine davon: Fernsehen im Bett. Dafür ist von der Natur das Bett nicht vorgesehen (wenn man ihr mal einen Willen unterstellt ...).

Im natürlichen Idealfall tut man im Bett nichts anderes als Schlafen (und Sex haben als einzige Ausnahme). Und im Idealfall liegt man, sobald man schläft; und man schläft, sobald man liegt. Man schläft also im Idealfall nicht vor dem Fernseher im Fernsehsessel, sondern nur im Bett (ohne Fernseher); und man liegt nicht im Bett, um zu grübeln. Zum Grübeln steht man auf und begibt sich in ein anderes Zimmer. Na, erwischt?!

ÜBUNG

Tipps zum richtigen Schlafen (für Schlafgestörte – alle anderen können tun, was sie wollen)

- Gehen Sie außerhalb des Schlafzimmers noch einmal in Gedanken den Tag durch – sagen Sie ihm „tschüss".
- Schreiben Sie belastende Dinge auf, mindestens eine Stunde vor dem Zubettgehen.
- Dann machen Sie noch eine Stunde lang etwas Schönes, Selbstwertförderliches (keine Gruselkrimis oder Horror-Nachrichten).
- Gewöhnen Sie sich an, möglichst immer zur selben Zeit ins Bett zu gehen (also keine großen Unterschiede zwischen Wochentag und Wochenende).
- Sorgen Sie für eine Art Schlafvorbereitungsritual, wie man es mit Kindern macht: in immer derselben Reihenfolge waschen, umziehen, ein paar Seiten lesen, schlafen.
- Verbannen Sie das TV-Gerät aus dem Schlafzimmer. Und erst recht den Computer! Ihr Schlafzimmer sollte nur dem Schlafen dienen.
- Wenn Sie merken, Sie liegen im Bett und schlafen nicht: aufstehen, raus aus dem Zimmer!

- Gehen Sie erst wieder ins Bett, wenn Sie müde sind.
- Nachts aufzuwachen ist übrigens normal. Wenn Sie merken, dass Sie wach sind, sagen Sie sich: „Das ist ganz normal, das passiert 30 Mal pro Nacht, das ist ein Relikt aus der Urzeit. Ich darf hier im warmen Bett liegen und gleich weiterschlafen." Regen Sie sich nicht auf, das würde nur Ihren Blutdruck in die Höhe treiben. Drehen Sie sich einfach um und kuscheln sich wieder in die Kissen.

Was tun Sie schon?

Machen Sie sich doch ein paar Notizen dazu, welche der oben genannten Tipps zum Pause-Machen, Abschalten oder Schlafen Sie bisher schon beherzigt haben.

- ____________________
- ____________________
- ____________________
- ____________________
- ____________________
- ____________________

Geben Sie es sich schriftlich!

Und was wollen Sie mal ausprobieren, um Ihre Erholungsfähigkeit zu verbessern? Atem-Entspannung, kontrastreiche Pausen, Zehn-Sekunden-Auszeiten, mehr Genusserlebnisse, den Feierabend-Apfel, das ausgeschaltete Diensthandy, Tagesabschluss-Rituale im Büro, Verzicht auf Reizüberflutung durch technische Geräte nach Feierabend, Aufschreiben belastender Dinge, heiße Milch mit Honig vorm Einschlafen, einige der Schlaftipps?

PLAN

1. Was plane ich? ________________
2. Warum will ich das? ________________
3. Bis / ab wann soll das passiert sein? ________________

UMSETZUNG

4. Das habe ich erledigt am / seit ________________

Das Fazit dieses Unterkapitels lautet:
Schalten Sie ab, indem Sie abschalten!

7.3 Warum Entspannungstraining Ängste lindern kann

Das Erregungsniveau senken

Wer nicht gut abschalten kann, kann sich auch nicht gut erholen. Seine Gedanken kreisen ja permanent um Dinge, an die er in dem Moment gar nicht denken will – häufig in Verbindung mit Sorgen. Die Folge ist oft ein erhöhtes Erregungsniveau, man ist quasi ständig in Hab-Acht-Stellung. Man möchte ja alles richtig machen, muss aber gleichzeitig gegen Müdigkeit ankämpfen. Das ist anstrengend und aufregend. Aus den Sorgen können sich Ängste entwickeln.

Entspannungstraining kann das Erregungsniveau senken und die Angstanfälligkeit reduzieren. Im deutschsprachigen Raum haben sich – neben fernöstlichen Techniken wie Yoga oder Thai Chi – vor allem das Autogene Training und die Progressive Muskelentspannung durchgesetzt. Wie bei allen Trainings gilt: Man muss sie üben, und zwar lange. Erfolge werden frühestens nach drei Wochen täglichen Trainings spürbar. Und damit man das Entspannungsgefühl auf Knopfdruck abrufen kann, braucht es schon sechs Wochen täglicher Übung (am besten zweimal pro Tag).

Das ist mühsam und macht nicht unbedingt Freude. Oft ist es regelrecht langweilig. Aber die Effekte sind phänomenal: Der Blutdruck wird gesenkt, das Immunsystem wird gestärkt, das Erregungsniveau wird reduziert. Und ganz wichtig zum Schutz der Psyche: Man bekommt ein dickeres Fell. Die Kränkungsanfälligkeit wird reduziert, man fühlt sich nicht so leicht gestresst, man wird innerlich ausgeglichener. Überzeugt? Dann los!

Rhythmus im Kleinformat

Am einfachsten erlernbar (und ohne Nebenwirkungen) ist die Progressive Muskelentspannung. Sie basiert auf dem Wechsel von Anspannung und Entspannung der Muskulatur. Das Prinzip des Kontrasts ist wichtig dabei: Erst wenn man weiß, wie sich angespannte Muskeln anfühlen, kennt man auch das Gefühl entspannter Muskulatur – und umgekehrt.

Es geht in einem ersten Schritt darum, sich das Anspannungsniveau der Muskulatur bewusst zu machen, um es dann bewusst zu erhöhen und danach wieder zu senken. So wird man im Laufe der Zeit sensibler für verspannte Muskeln und kann entsprechend früher gegensteuern, etwa indem man mit den Schultern kreist oder andere Lockerungsübungen einsetzt. Ganz kurz nur, das reicht schon aus für eine bessere Durchblutung der Muskulatur.

ÜBUNG

Progressive Muskelentspannung üben

- Am leichtesten erlernt man die Progressive Muskelentspannung in einem Volkshochschulkurs, in der Kur oder mithilfe einer CD. – Viele Krankenkassen haben eigene CDs entwickelt und geben sie kostenlos oder gegen eine geringe Schutzgebühr ab. Die Anleitungen sind im Grunde alle ähnlich.
- Setzen Sie sich – möglichst immer zur selben Zeit – in möglichst immer denselben Sessel an einem möglichst ruhigen Ort. Spüren Sie zunächst, ob Sie den Boden wahrnehmen können unter Ihren Füßen. Und wie sich der Stuhl oder Sessel unter Ihnen anfühlt. Und ob Sie die Lehne in Ihrem Rücken spüren können. Erlauben Sie Ihrem Atem, ganz von selbst ruhig ein- und auszufließen.
- Dann konzentrieren Sie sich, ohne etwas zu verändern, auf Ihre rechte Hand. Ballen Sie dann die rechte Hand zur Faust, während Sie weiter atmen. Beobachten Sie das Spannungsgefühl für ein, zwei Atemzüge (5 bis 10 Sekunden). Mit dem nächsten oder übernächsten Ausatmen lassen Sie dann die Spannung los: Sie strecken einfach die Finger aus und beobachten (für ca. 10 bis 20 Sekunden), ob es einen Unterschied gibt zwischen der Anspannung gerade eben und der Entspannung jetzt.
- Das kann ein Kribbeln sein, ein Pulsieren, ein Gefühl von Schwere oder Leichtigkeit, von Wärme oder Kälte – oder eben gar nichts. Statistisch betrachtet spürt nur ein Drittel aller Menschen beim ersten Mal direkt einen Unterschied. Die große Mehrheit muss diese Sensibilität erst im Laufe der Tage oder Wochen ausbilden. Seien Sie also nicht frustriert, falls Sie keinen Unterschied spüren. Freuen Sie sich einfach, dass Sie hier ganz in Ruhe für 5 bis 10 Minuten sitzen und sich auf Ihre Muskeln konzentrieren dürfen.
- Als Nächstes führen Sie die rechte Hand locker geöffnet zur rechten Schulter und spannen den Bizeps leicht an, während Sie weiteratmen. Nach ein, zwei Atemzügen legen Sie ausatmend die Hand und den Unterarm zurück und beobachten wieder, ob es einen Unterschied gibt zwischen Anspannung und Entspannung. Vielleicht spüren Sie auch einen Unterschied zwischen dem rechten Arm / der rechten Hand und dem linken Arm / der linken Hand.
- Dann wandern Sie mit der Aufmerksamkeit zur linken Hand, ballen sie zur Faust und lassen sie wieder los – genau so langsam wie vorher bei der rechten Hand. Mit dem linken Bizeps verfahren Sie dann wie zuvor mit dem rechten.
- Nun können Sie dasselbe Prozedere mit weiteren Muskelgruppen Ihres Körpers vollziehen: Schultern hochziehen und wieder nach unten führen, Rücken gegen die Lehne drücken und den Bauch wieder loslassen, den Po zusammenkneifen und wieder locker lassen, die Füße in den Boden drücken und wieder loslassen usw. Am leichtesten gelingt es am Anfang, wenn Sie einfach der Stimme auf einer CD folgen.
- Wichtig ist, dass Sie am Ende die Entspannung zurücknehmen: die Augen öffnen (falls Sie sie geschlossen hatten), sich recken und strecken, dabei vertieft sich die Atmung, und ganz zum Schluss sollten Sie sich heftig ausschütteln, die Hände zu Fäusten ballen

und wach in den Raum blicken. Dieses Zurücknehmen ist wichtig, damit Sie nicht wie in Trance wieder in Ihren Alltag zurückkehren.

- Das war's schon. Langweilig, aber wirksam. Und nun üben, üben, üben ...

Wann Ängste und Zwänge problematisch werden

Das Erlernen eines Entspannungstrainings ist eine wunderbare Präventiv-Maßnahme: Das Erregungsniveau wird gesenkt, sodass Ängste sich erst gar nicht im Leben breitmachen können. Genau darin liegt nämlich ihre tückische Gefahr: dass sie sich breitmachen.

Anfangs ist es vielleicht nur die Sorge, dass ein Aufzug stecken bleiben könnte. Sorgen sind normal. Aber manchmal entwickelt sich daraus eine Angst – mit der Folge, dass alle Aufzüge gemieden werden. Damit nimmt man sich die Chance zu erleben, dass die meisten Aufzüge problemlos funktionieren. Man schränkt sich ein. Im Extremfall immer weiter, bis man sich gar nicht mehr vors Haus traut; es könnte ja immer etwas Schreckliches passieren. Spätestens dann ist aus der Sorge eine Krankheit geworden.

Angststörungen haben eine umso bessere Prognose, je früher sie behandelt werden. Wenn Sie also schon seit zwei Wochen mit Ängsten oder Zwängen (Zwangsgedanken oder Zwangshandlungen) kämpfen: Gehen Sie zur Sozialberatung, zum Psychotherapeuten, zum Arzt oder rufen Sie wenigstens die Telefonseelsorge an; da sitzen auch oft fähige Menschen. Je schneller Sie es angehen, umso schneller werden Sie es los.

Sie ahnen schon, worin die beste Vorbeugung besteht (mal abgesehen vom Erlernen eines Entspannungstrainings): in der Auseinandersetzung mit der Angstsituation. Gehen Sie ihr nicht aus dem Weg, sondern wagen Sie sich hinein! Immer wieder. Sonst wird die Angst sich ausbreiten und immer weitere Lebensbereiche beeinträchtigen.

Bitte loslassen

Schlafen und Entspannen – das hat viel mit der Fähigkeit zu tun, loslassen zu können (Sex übrigens auch!). Diese Tätigkeiten funktionieren weder auf Knopfdruck noch durch bloße Willensanstrengung. Im Gegenteil: Wer schnell einschlafen möchte, schläft garantiert nicht. Statt Anstrengung ist Loslassen-Können gefragt.

Es nützt nichts, zu einem anderen Menschen zu sagen: „Mensch, entspann dich doch mal!“ oder: „Sei doch mal locker!“ Damit bewirkt man eher das Gegenteil – der andere wird noch mehr verkrampfen. Es kann nicht funktionieren, einen angespannten Zeitgenossen auf diese Weise lockern zu wollen. Versuchen Sie lieber, ihn zum Lachen zu bringen. Das wird ihn entspannen.

Und Sie selber? Das Lockerlassen fällt insbesondere denjenigen schwer, die im Leben gern alles unter Kontrolle haben. Häufig sind diese Menschen angespannt und leicht erregt, egal in welcher Umgebung sie sich befinden. Falls Sie dazugehören, sollten Sie in jedem Fall ein Entspannungstraining erlernen, um Ihr Erregungsniveau zu senken. Rechnen Sie nicht mit schnellen Erfolgen. Sehen Sie es lieber als Langzeit-Übung an. Selbst wenn Sie kein Entspannungsgefühl empfinden: Versuchen Sie, diese Minuten als eine Zeit zu genießen, in der Sie mental weit von Ihrer Arbeit entfernt sind. Und irgendwann wird sich ganz von selbst ein Entspannungsgefühl einstellen ...

Das Fazit dieses Unterkapitels lautet:
Erlauben Sie sich loszulassen!

Lesetipp:

Münchhausen, M. v. (2004): *Wo die Seele auftankt. Die besten Möglichkeiten, Ihre Ressourcen zu aktivieren.*

Teil 3

Was schwächt Ihre psychische Gesundheit?

8. Wenn die Arbeit zu viel wird

Überforderungsgefühle am Arbeitsplatz nehmen zu. Die Ursachen können dabei vielgestaltig sein: Haben wir zu hohe Ansprüche an uns selbst oder ist es wirklich die Arbeit, die uns überfordert? Sind wir weniger leistungsfähig als früher oder ist die Arbeit im Laufe der Jahre immer mehr geworden? Ist es die Führungskraft, die uns unnötig unter Druck setzt, oder bringen wir den Stress von zu Hause mit in den Betrieb?

8.1 Ehrlicher Selbst-Check: Wann ist „viel Arbeit“ zuviel?

Den Perfektionsanspruch hinterfragen

Eigentlich wollen wir alle einen guten Job machen. Wir brauchen für einen gelungenen Feierabend den Eindruck, heute einen Beitrag geleistet zu haben – zur Gesellschaft oder dazu, dass es unserem Unternehmen auch morgen noch gut geht. Oder wenigstens die Gewissheit: „Ich habe heute einen guten Job gemacht“. Das gibt uns ein Gefühl von Befriedigung („Den Feierabend hab’ ich mir verdient“).

Manche sind schon mit relativ wenig zufrieden; andere stellen so hohe Ansprüche an sich selbst, dass sie daran scheitern müssen. Wer immer 100 % oder mehr abliefern möchte, muss sich irgendwann selbst enttäuschen. Anhand der folgenden Fragen können Sie überprüfen, wer die Leistungsansprüche in Ihrem Leben zu hoch setzt: die Arbeit, Ihr Vorgesetzter oder Sie selbst.

- Fällt es Ihnen schwer, bei Forderungen Nein zu sagen?
- Hat Ihr Arbeitspensum in den letzten Jahren zugenommen?
- Möchten Sie am liebsten alles selbst machen?
- Ist es Ihnen wichtig, Ihre Führungskraft nicht zu enttäuschen?
- Macht Ihre Führungskraft mehr Druck als nötig?
- Haben Sie Angst vor Konflikten?
- Sind Sie zu Hause einem Berg von Anforderungen ausgesetzt?
- Ist Ihre Arbeit schwieriger, inhaltlich überfordernder, als früher?
- Verlangen Sie von sich selbst, keine Fehler zu machen?
- Fühlen Sie alleine sich verantwortlich dafür, dass alles gut läuft?
- Beschäftigen Sie sich daheim mit der Arbeit, ohne das zu wollen?
- Müssen Sie in der Freizeit für Ihren Vorgesetzten erreichbar sein?
- Haben Sie den Anspruch, es allen recht zu machen?

- Sind Sie gut genug ausgebildet für Ihre Tätigkeit?
- Gönnen Sie sich am Wochenende wirklich Erholung?
- Haben Sie Ihrer Führungskraft gesagt, dass es Ihnen zu viel ist?
- Können Sie nach Feierabend und im Urlaub gut abschalten?

Ist wirklich der Job schuld am Nicht-Abschalten-Können?

Wenn Sie nicht gut abschalten können, ist daran zunächst einmal nicht unbedingt der Job schuld. Es sei denn, Ihre Führungskraft verlangt von Ihnen, dass Sie auch nach Feierabend noch erreichbar sind. Oder dass Sie auch am Wochenende und im Urlaub Ihre E-Mails beantworten. In diesen Fällen ruiniert Ihnen tatsächlich die Arbeit Ihre Erholung.

Daher sollten Sie prüfen, ob die ständige Erreichbarkeit wirklich erforderlich ist und ob Sie nicht im Gespräch mit Ihrem Vorgesetzten eine Veränderung dieser Erreichbarkeitsansprüche erwirken können. Vielleicht lässt sich eine Rufbereitschaft einrichten, bei der Sie sich mit Kollegen abwechseln. Oder Sie vereinbaren, was manche Großkonzerne schon lange praktizieren: „E-Mail-Verbot am Wochenende".

Falls es keine Erreichbarkeitsansprüche oder Ähnliches sind, die Sie nicht abschalten lassen, dann sollten Sie Ihr Abschalt-Verhalten überprüfen. Zur Erinnerung: In Kapitel 7 finden Sie viele Tipps zum leichteren Abschalten nach Feierabend, und auch zum besseren Schlafen. Man sollte nicht leichtfertig dem Job die Schuld geben, wenn man nach Feierabend noch an die Arbeit denkt. – Wie Sie oben lesen können, ist Abschalten-Können auch eine Frage der Selbstdisziplin.

Feedback geben

Ihre Führungskraft weiß nicht von selber, dass Sie überfordert sind. Das müssen Sie ihr sagen. Wenn sie besonders aufmerksam ist, fallen ihr vielleicht einzelne Symptome an Ihnen auf – Veränderungen im Aussehen, unter Umständen auch eine Zunahme der Fehlerhäufigkeit, Stimmungsschwankungen oder ein motziger Gesichtsausdruck. Aber es verlangt schon sehr viel von einer Führungskraft, dass diese aus solchen Auffälligkeiten auf eine Überforderung des Mitarbeiters oder der Mitarbeiterin schließen soll.

Übernehmen Sie die Verantwortung für sich, Ihr Befinden und Ihre Gesundheit, indem Sie Ihrer Führungskraft ein Feedback geben: „Chef(in), ich kann nicht mehr, es ist zu viel Arbeit." Es geht dabei nicht um Arbeitsverweigerung, sondern um eine

Rückmeldung. Ihre Führungskraft braucht die! Sie ist sogar darauf angewiesen (und bekommt sie viel zu selten).

Die Schlüsselkompetenz der Zukunft

Meistens ist es nämlich keine Bösartigkeit, wenn Geschäftsleitungen die Schrauben immer weiter andrehen. Natürlich ist es im wirtschaftlichen Interesse eines Unternehmens, die Produktivität zu erhöhen. Aber nach meiner Beobachtung werden die Schrauben (auch) deshalb angezogen, weil zu wenig Beschäftigte den Mut haben, Nein zu sagen. Sie wollen nichts riskieren – und riskieren darüber ihre Gesundheit. Das soll Ihnen nicht passieren. Sie sollten daher Ihrem Vorgesetzten sagen, wenn es Ihnen zu viel wird.

Diese Form der Rückmeldung zu geben, wird in Zukunft immer wichtiger. Denn wir alle werden immer länger arbeiten müssen, bis wir in Rente gehen. Wir sind auf unsere Gesundheit angewiesen, wenn wir bis zum Renteneintritt und möglichst noch lange darüber hinaus fit bleiben wollen. Wäre doch schade, die Gesundheit jetzt schon für einen Job zu riskieren, der vielleicht noch nicht einmal Erfüllung bedeutet. Umso wichtiger ist es, sich heute schon gegen Überlastung zur Wehr zu setzen und Nein zu sagen. Wer nicht Nein sagt, geht unter. Nein-Sagen wird die Schlüsselkompetenz der Zukunft.

Das Fazit dieses Unterkapitels lautet:
Übernehmen Sie die Verantwortung für sich selbst!

8.2 Gesunder Selbstschutz: Nein sagen und Grenzen setzen

Befürchtungen

Viele Menschen befürchten negative Konsequenzen für den Fall, dass sie Nein sagen und sich gegen Arbeitsüberlastungen zur Wehr setzen. Sie haben Angst vor einer Kündigung. Im Extremfall kann es dazu kommen, ja. Aber in der Praxis wird das nur höchst selten der Fall sein – zumindest bei Jobs, für die ein gewisses Qualifikationsniveau Voraussetzung ist. Bei Aushilfstätigkeiten mag das anders sein. Aber Fachleute werden auch in Zukunft nicht so leicht zu ersetzen sein, weshalb die Angst vor Kündigung in den meisten Fällen unbegründet ist.

Weit verbreitet ist auch die Furcht vor Statusverlust durch Degradierung: „Dann gibt der mir in Zukunft keine guten Projekte mehr." – Ja, kann sein. Aber wenn dadurch die Gesundheit gerettet wird, dürfte das den Preis wert sein. Gleiches gilt für die Angst vor einem selbst verschuldeten Karrierestopp. Wollen Sie denn Karriere um jeden Preis? Spätestens nach dem ersten Herzinfarkt sehen die meisten Menschen das anders.

Und sehr viele Beschäftigte haben auch Angst vor Anerkennungsverlust. Sie befürchten, die Führungskraft würde sie nicht mehr mögen, wenn sie Nein sagen. Also sagen sie lieber nichts und hoffen darauf, dass Körper und Psyche schon mitspielen werden.

Woher den Mut nehmen?

Menschen haben nur eine Gesundheit. Wenn die Gesundheit einmal ruiniert ist, ist auch die Arbeitsfähigkeit futsch. Das gilt es zu verhindern – im Sinne des Mitarbeiters, aber auch im Sinne der Führungskraft (und des Unternehmens). Wer sich überfordert fühlt, macht mehr Fehler und ist auch häufiger in Unfälle verwickelt. Beides ist nicht im Sinne des Arbeitgebers. Der braucht schließlich eine gute Qualität und reibungslose Abläufe.

Machen Sie sich daher deutlich, dass Ihre Firma kein Interesse daran haben dürfte, Sie in die Erschöpfung zu treiben. Und Sie selbst natürlich erst recht nicht. Sie wollen ja noch gesund in Rente gehen. Vielleicht hilft Ihnen auch ein Blick aufs Juristische. Vermutlich haben Sie einen ähnlichen Passus sogar in Ihrem Arbeitsvertrag unterschrieben: Sie sind verpflichtet, Ihre Arbeitsfähigkeit zu erhalten.

Sie würden also quasi vertragsbrüchig, wenn Sie weiterhin immer wieder über Ihre Belastbarkeitsgrenze hinaus arbeiten – bis zur totalen Erschöpfung. Das ist ganz sicher nicht Ihre Absicht. Sie meinen es ja gerade gut mit Ihrem Arbeitgeber ... Vielleicht kann Ihnen dieser Gedanke den Mut geben, der Ihnen noch fehlt – dass Sie sich einfach nur „rechtlich korrekt" verhalten wollen.

Selbstsicher auftreten

„Überzeugung wirkt überzeugend", sagt man. Wer selbst daran zweifelt, ob sein Grenzen-Setzen berechtigt ist, hat im Grunde schon verloren. Am besten machen Sie sich vor dem Gespräch eine Liste, auf der Sie notieren, warum es für Sie wichtig ist, diese Grenze zu setzen. Die einzelnen Punkte sollen Sie nicht im Gespräch vorbringen – aber sie sind wichtig, um Ihnen für das Gespräch den Rücken zu stärken. Nur wenn Sie selbst überzeugt sind, werden Sie auch überzeugend wirken.

Wenn es soweit ist: Stehen Sie aufrecht. Kein Herumgewibbel oder Kopf-zur-Seite-Neigen! Das wirkt niedlich, aber wenig überzeugend. Sie können ruhig sagen, dass dieser Schritt Sie Überwindung kostet, aber Ihre Körpersprache sollte Sicherheit signalisieren. Tief durchatmen, und dann klar und deutlich die Grenze formulieren: „Ich möchte mich fortan nach Feierabend ungestört erholen können und deshalb in Zukunft mein Handy nach Feierabend ausschalten."

Wenn Ihre Führungskraft versucht, Sie zu überreden, doch so weiterzumachen wie bisher (das wird sie vermutlich probieren – sie will ja, dass alles weiterhin reibungslos läuft und müsste selbst etwas verändern, wenn Sie plötzlich nicht mehr mitspielen), sollten Sie Ihren Satz mit denselben Worten wiederholen. Befürchten Sie nicht, dass es lächerlich – wie ein Papagei – klingen könnte; das Gegenteil ist der Fall. Wenn Sie jetzt herumjammern und klagend mit anderen Worten dieselbe Aussage vorbringen, würden Sie viel schwächer und unsicherer wirken, als wenn Sie exakt dieselben Worte im identischen oder noch etwas bestimmteren Tonfall wiederholen. Probieren Sie das ruhig einmal privat aus, zum Beispiel wenn Sie ein Produkt im Geschäft umtauschen möchten.

Mit Widerstand rechnen, nicht mit Applaus

Fangen Sie nicht ungefragt damit an, weitere Begründungen oder gar Entschuldigungen zu liefern. Sagen Sie zum Beispiel nicht: „Es tut mir leid, aber ich brauche das für meine Erholung, sonst denke ich ja die ganze Zeit an die Arbeit und kann nicht gut abschalten." Es tut Ihnen nicht leid – sollte es zumindest nicht. Und weitere Begründungen für Ihre Bitte können Sie immer noch nachliefern. Aber wenn Sie ungefragt damit anfangen, liefern Sie nur unnötige Angriffsfläche.

Stellen Sie sich innerlich darauf ein, dass Ihre Führungskraft nicht sagen wird: „Mensch, Frau Schmidtke, ist das bewundernswert, wie Sie hier gut für sich selbst sorgen!“ Ihre Führungskraft ist an Ihrem reibungslosen Funktionieren interessiert (das soll kein Vorwurf sein – es ist einfach nicht die primäre, sondern höchstens die drittwichtigste Aufgabe eines Vorgesetzten, sich ums Wohlbefinden seiner Mitarbeitenden zu sorgen).

Rechnen Sie daher eher mit Sätzen wie: „Aber bislang haben Sie doch auch immer ...“ Oder gar: „Dann muss ich mich wohl nach einer anderen Assistentin umschauen“. So schlimm wird es vermutlich nicht kommen, aber selbst wenn Sie auf so massiven Widerstand stoßen: Sie haben sich ja diesen Schritt gut überlegt.

Jetzt nicht nachgeben!

Wichtig ist, dass Sie jetzt nicht umfallen und sich erweichen lassen. Auch nicht von Schmeicheleien wie: „Aber ohne Sie bricht hier alles zusammen. Sie wissen doch, wie die in China und den Staaten immer alles sofort haben wollen – das kann ich doch ohne Sie gar nicht schaffen.“ Klingt gut. Ist vielleicht sogar die Form von Anerkennung, die Sie sich schon länger gewünscht haben. Trotzdem wäre es fatal, sich jetzt herumkriegen zu lassen. Damit würden Sie das Signal setzen: „Wer quengelt, kommt bei mir weiter“. Die Folge? Ihre Führungskraft wird Sie nie wieder ernst nehmen, wenn Sie eine Grenze setzen wollen. Sie hat einfach eine andere Lernerfahrung gemacht: „Bei der Schmidtke muss man ein bisschen quengeln, dann spurt die wieder.“

Aber das wird Ihnen sicher nicht passieren, denn Sie sind ja davon überzeugt, dass es für Sie wichtig ist, eine Grenze zu setzen. Und Sie haben sich sogar Ihre Beweggründe aufgeschrieben. Idealerweise sollten Sie keine Ausnahmen zulassen, denn jede Ausnahme bietet zukünftig Angriffsfläche („Neulich haben Sie doch auch ...“). Wenn Sie Ihrer Führungskraft, der Arbeit, den Kollegen oder der Firma zuliebe doch einmal eine Ausnahme machen, dann sollten Sie dies auch sehr deutlich sagen – am besten gleich mehrfach: vorher, während der Arbeit und nach getaner Arbeit, wenn Sie sich in den Feierabend verabschieden.

ÜBUNG

Tipps zum Nein-Sagen

- selbstsicher auftreten = aufrecht stehen, laut sprechen
- deutlich machen: „Es ist nicht gegen Sie, es ist für mich.“
- um Prioritätenklärung bitten (keine Verweigerungshaltung!): „Alles auf einmal geht ja nicht: Was darf ich stattdessen erst einmal liegen lassen?“

- „Ich kann diese gute Qualität nicht mehr garantieren, wenn es noch mehr Arbeit wird."
- bei Nachfragen Argumente aufzeigen: „Ich will ja weiterhin mein Bestes geben, dazu brauche ich das"; „Sie haben mehr von mir, wenn ich fit bin".
- Notfalls mit denselben Worten (!) wiederholen, was man sagen will (z. B. immer wieder: „Ich brauche diese zwei Wochen Urlaub am Stück", wirklich zwei- oder gar dreimal während des Gesprächs mit identischer (!) Wortwahl – das wirkt nicht einfallslos, sondern stark.
- sich nicht herumkriegen lassen

Was tun Sie schon?
Bei welchen Gelegenheiten haben Sie in der Vergangenheit bereits einmal Nein gesagt? Wie war das Gefühl dabei? Was haben Sie daraus gelernt?

- ______________________________
- ______________________________
- ______________________________
- ______________________________
- ______________________________

Geben Sie es sich schriftlich!

Wenn Sie sich am Arbeitsplatz vor Überlastung schützen möchten und Ihrer Führungskraft diese Grenze aufzeigen wollen, sollten Sie das Gespräch gut planen, damit Sie sich in der Situation wirklich sicher fühlen und dementsprechend überzeugend wirken.

PLAN

1. Was plane ich? ________________
2. Warum will ich das? ________________
3. Bis / ab wann soll das passiert sein? ________________
4. Wer kann mir Mut machen? ________________

UMSETZUNG

5. Das habe ich erledigt am / seit ________________

Das Fazit dieses Unterkapitels lautet:
Sagen Sie Nein – im Interesse Ihrer Gesundheit!

8.3 Täglich 120 %? – Konstruktiver Umgang mit Zielvereinbarungen

Zielvereinbarung oder Zielvorgabe?

Gibt es in Ihrem Unternehmen Zielvereinbarungen? Handelt es sich wirklich um Ihre eigenen Ziele – oder handelt es sich um die Ziele Ihrer Führungskraft? Sind es also wirklich Vereinbarungen oder eher Zielvorgaben? Es muss kein böser Wille sein, wenn Ihre Führungskraft viel von Ihnen fordert und sich das von Ihnen schriftlich bestätigen lässt. Sie hat ja ebenfalls eine Zielvereinbarung unterschrieben und bricht diese vielleicht nun auf jeden ihrer Mitarbeiter herunter.

Vor allem aber kann Ihre Führungskraft nicht unbedingt gut einschätzen, wie viel Sie in welchem Zeitraum leisten können. Sie ist auf Ihre Selbsteinschätzung angewiesen. Das heißt, es ist Ihre Aufgabe, Ihrem Vorgesetzten mitzuteilen, was und wie viel Sie sich zutrauen, ohne sich zu überfordern. Wenn Ihnen dazu der Mut fehlt oder Sie sich vertrauensselig auf die Einschätzung Ihrer Führungskraft verlassen, ist diese unschuldig, wenn die Ziele unrealistisch hoch ausfallen.

Selbst mit verhandeln

Gestalten Sie das Zielvereinbarungsgespräch aktiv mit! Am besten, indem Sie sich gut darauf vorbereiten und mit eigenen Ideen (schriftlich!) in das Gespräch hineingehen. Scheuen Sie sich nicht, deutlich anzusprechen, wo Sie sich überfordert fühlen. Dabei können Sie auf ähnliche Formulierungen zurückgreifen, wie Sie sie oben lesen konnten, zum Beispiel: „Bei diesem gigantischen Pensum kann ich aber nicht für gleichbleibend gute Qualität garantieren."

Es kann sogar einen besonders seriösen Eindruck erwecken, wenn Sie deutlich machen, dass Sie das Zielvereinbarungsgespräch so ernst nehmen. Sie zeigen ja damit, dass Sie mit dem ganzen Herzen dabei sind und Ihren Job gut machen wollen. Sie sind kein Opfer, das klaglos abnickt, was Leitungskräfte sich ausgedacht haben. Sie gestalten aktiv mit. Nutzen Sie diese Chance, auch indem Sie eigene Formulierungsvorschläge oder neue Schwerpunkte Ihrer Tätigkeit in die Zielvereinbarung einbringen. Oder indem Sie sich beispielsweise die Teilnahme an einer Fortbildung bestätigen lassen.

Die Latte lieber niedrig hängen

Wer gerne arbeitet – und auch, wer stark abhängig ist von der Anerkennung durch seine Führungskraft –, tendiert dazu, sich freiwillig ambitionierte Ziele zu setzen. Das ehrt Sie ja, wenn Sie so einen Ehrgeiz haben. Aber ich würde Ihnen empfehlen, bei Ihrer Planung dessen, was Sie in einem bestimmten Zeitraum erreichen können, realistisch zu bleiben bzw. eher pessimistisch zu schätzen. Das gilt insbesondere für das durchschnittliche Leistungsniveau, von dem Sie ausgehen.

Kein Mensch kann täglich 100 % geben, und schon gar nicht 120 %, das weiß auch Ihre Führungskraft. Das schafft man vielleicht zu Beginn seiner Laufbahn für ein paar Monate, aber nicht unbegrenzt. Eigentlich weiß das jeder: Mal ist man zu 50 % fit, und mal wächst man über sich hinaus und schafft vielleicht 130 %. Aber sich auf Dauer zu verausgaben, das ist nicht gesund und auch nicht lange möglich.

Geld ist nicht alles

In Ihrem eigenen Interesse sollten Sie die Ziele eher zu niedrig als zu hoch ansetzen, aber das ist Ihnen vermutlich selber klar. Es macht mehr Freude, ein Soll „übererfüllen", als ein Ziel nicht zu erreichen. Und auch das wissen Sie längst selber: Es ist letztlich nicht (oder nur sehr selten) das Geld, das motiviert. Natürlich freut man sich über eine Zielerreichungsprämie. Aber die Freude verfliegt schneller als gedacht.

Und wenn die Gesundheit darunter leidet, war der Preis zu hoch. Sie wollen schließlich auch in den nächsten Jahren und Jahrzehnten noch einen guten Job machen. Dazu brauchen Sie Ihre Gesundheit. Und am besten obendrein nette Kollegen. Das Arbeiten in einem guten Team macht mehr Freude als Einzelkämpferdasein. Wenn Sie spüren, dass der Gruppenzusammenhalt darunter zu leiden droht, dass jeder nur noch seine eigenen Ziele im Auge hat: Vorsicht!

Vielleicht können Sie als Team eine (natürlich nicht schriftliche sondern informelle) Vereinbarung treffen, dass Sie die Zielerreichungsprämien im jährlichen Wechsel verteilen. Oder dass Sie sämtliche Tantiemen in einen Topf werfen und dann unter allen gleichmäßig aufteilen. Das ist nicht im Sinne des Erfinders – aber ein zerstrittenes Team wäre das ganz sicher auch nicht. Für die Produktivität ist dies der günstigere Weg.

Unabhängig werden von Anerkennung

Vielen Menschen geht es gar nicht in erster Linie ums Geld, sondern sie wollen ihre Führungskraft nicht enttäuschen. Das ehrt sie irgendwie, aber es kann auch krank machen, weil sie nicht mehr auf die eigenen Grenzen achten. Diese Menschen kämpfen dann auch nicht mehr für ihre eigenen Ziele. Sie machen die Arbeit nicht deshalb gut, weil sie sie wichtig finden oder sie ihnen Freude macht – sondern weil sie glauben, dafür Anerkennung zu ernten. Das ist gefährlich. Falls die Anerkennung ausbleibt (vielleicht einfach deshalb, weil die Führungskraft zu viel zu tun hat oder weil sie sich schon an die hohe Sollerfüllung des Mitarbeiters gewöhnt hat), ist die Enttäuschung groß. Man hat plötzlich das Gefühl, dass die gesamte Arbeit für die Katz war. Das kann bis zur Erschöpfungsdepression führen.

Damit Ihnen so etwas nicht passiert, sollten Sie darauf achten, dass die Tätigkeit selbst Ihnen Freude bereitet – im Idealfall sogar so viel, dass Sie sie auch dann noch tun würden, wenn es dafür nie Anerkennung gäbe. Dazu ist es wichtig, dass Sie Ihre Aufgabeninhalte mitgestalten, was Sie zum Beispiel im Zielvereinbarungsgespräch tun können. Sorgen Sie dafür, dass die dort vereinbarten Ziele tatsächlich zu Ihren eigenen Zielen werden.

Außerdem ist wichtig, dass es neben der Arbeit auch noch andere Dinge in Ihrem Leben gibt, die Ihnen etwas bedeuten und bei denen Sie Anerkennung ernten können. Damit stutzen Sie wie von selbst die Bedeutung der Arbeit in Ihrem Leben auf ein gesundes Maß zurecht.

Das Fazit dieses Unterkapitels lautet:
Versuchen Sie, die Ziele zu Ihren eigenen zu machen!

Lesetipp:

Matyssek, A. K. (2010): *Mensch, sag' doch mal Nein!*

9. | Wenn das Klima nicht stimmt

Sich am Arbeitsplatz unwohl fühlen, weil das Klima im Team nicht stimmt – das ist wohl einer der belastendsten Faktoren überhaupt. Im Vergleich dazu sieht „zu viel Arbeit“ wie eine Lappalie aus. Nicht wenige Menschen sehen keinen anderen Ausweg und reagieren auf ein schlechtes Betriebsklima mit Kündigung. Soweit lässt man es also am besten gar nicht erst kommen, sondern trägt selber mit dazu bei, dass das Team als Gruppe gut funktioniert.

9.1 Das geht an die Nieren: Wie zwischenmenschliche Konflikte Körper und Psyche belasten

Der Körper reagiert

Konflikte am Arbeitsplatz können das Wohlbefinden stark beeinträchtigen – in psychischer wie in physischer Hinsicht. Wenn man immer in Hab-Acht-Stellung ist, weil man fürchtet, die anderen könnten über einen reden, ist die Muskulatur automatisch angespannt.

Auch wenn Sie sich ständig über einen Kollegen aufregen, beispielsweise weil der die ganze Arbeit auf andere abwälzt, ist das nicht gut für die Gesundheit: Der Blutdruck steigt, sobald Sie sich ärgern und Stresshormone werden freigesetzt. Der Körper gerät insgesamt in Aufruhr und dementsprechend können weitere körperliche Symptome hinzukommen, zum Beispiel Magenschmerzen, Durchfall, Hautausschlag, Kopfweh, Rückenschmerzen, Zittern oder Herzbeschwerden.

Die Psyche reagiert

Auch die Psyche leidet, wenn etwas im Team nicht stimmt. Um das Beispiel von eben noch einmal zu beleuchten: Wer sich über den faulen Kollegen aufregt, empfindet Wut und kann sich nicht gut konzentrieren. Auch wer befürchtet, dass die anderen hinter seinem Rücken über ihn herziehen, ist abgelenkt. Die Fehlerhäufigkeit nimmt zu, womöglich auch das Unfallrisiko, und die Produktivität wird reduziert.

Doch damit nicht genug: Anders als ein Übermaß an Arbeit wirken zwischenmenschliche Stressoren nach Feierabend noch weiter. Konflikte unter Kollegen lassen sich nicht so einfach abstreifen wie Schutzschuhe, enge Pumps oder ein Schlips. Sie kreisen weiter im Hirn und erschweren das Abschalten. Auch die Erholungsfähigkeit leidet also. Den Großteil der wachen Lebenszeit verbringt man am Arbeitsplatz. Wenn diese Zeit von Konflikten beherrscht wird, sinkt die Lebensqualität enorm.

Mobbing als Extremform

Eine extreme Variante von Konflikten am Arbeitsplatz stellt das Mobbing dar. Der Begriff wird leider inflationär gebraucht: Tuscheleien, einzelne Beleidigungen, Nicht-Grüßen oder fehlende Informationsweitergabe sind noch lange kein Mobbing. Damit der Ausdruck gerechtfertigt ist, muss es sich um systematische destruktive Verhaltensweisen über einen längeren Zeitraum handeln, die darauf abzielen, jemanden aus dem Betrieb / aus einer Abteilung zu „entfernen".

Wer systematisch (man spricht von mindestens einem halben Jahr) Aktionen wie Drohungen, ungerechtfertigter Kritik, Ignorieren, Bloßstellen, Gerüchten übers Privatleben und Ähnlichem ausgesetzt ist, der geht psychisch und physisch zugrunde. Selbstzweifel stellen sich ein, Ohnmachtsgefühle, Denkblockaden, Kopfschmerzen, Schwindel, Schlafstörungen. Depressionen sind häufig die Folge. Mobbing kann Menschen im schlimmsten Fall in den Selbstmord treiben.

Mobbing-Prävention

Leider gibt es nicht *den* Präventionstipp schlechthin, um Mobbing zu verhindern. Im Prinzip kann es jeden treffen. Das gilt insbesondere für Arbeitsumgebungen, in denen Führungskräfte ihrer Fürsorgepflicht nicht gerecht werden, wenig Rückgrat zeigen oder womöglich selbst beim Mobbing mitmachen. Paradoxerweise steigt die Gefahr für Mobbinghandlungen , wenn der Stress besonders groß ist (man könnte ja denken, die Menschen haben genug um die Ohren).

Die beste Präventionsmaßnahme lautet: Vernetzen Sie sich mit möglichst vielen anderen aus möglichst unterschiedlichen Subgruppen Ihres Teams, und auch mit Leuten aus anderen Abteilungen. Wer Kontakte in verschiedene Richtungen pflegt, gerät seltener ins Abseits als jemand, der immer nur mit denselben Menschen zusammenhockt. Und tragen Sie Ihrerseits mit dazu bei, dass niemand aus Ihrem Team ausgegrenzt wird.

Frühzeitig eingreifen

In einem Klima von Offenheit, Wertschätzung, Respekt und Transparenz hat Mobbing kaum Chancen. Wichtig dafür ist, die Besonderheiten bzw. das Anders-Sein jedes einzelnen Teammitglieds als Bereicherung und nicht als Bedrohung zu sehen. Suchen Sie sich Verbündete in Ihrem Bemühen um mehr Wertschätzung im Team!

Je schneller und deutlicher bei Mobbing-Handlungen interveniert wird, desto schneller ist auch Schluss damit. Ein frühzeitiges Eingreifen, das destruktives Verhalten sofort im Keim erstickt, verhindert die für Mobbing typische sich aufschaukelnde Entwicklung.

Das kann für Sie bedeuten, dass Sie zum Beispiel zu einem Kollegen, der einem anderen Informationen vorenthalten hat, sagen: „Was soll denn das? Der XY will einen guten Job machen wie wir alle hier. Man könnte ja meinen, du hättest es auf ihn abgesehen. Also, fair geht anders."

Oder wenn jemand eine rassenfeindliche Postkarte an der Pinwand befestigen möchte: „Lass das sein, das passt nicht zu unserem Team!"

Das Fazit dieses Unterkapitels lautet:
Greifen Sie ein, bevor Körper oder Psyche leiden!

9.2 Mit Unterschieden leben – und soziale Ausgrenzung verhindern

„Jede Jeck ist anders"

In jeder Gruppe gibt es verschiedene Charaktere: Laute, Alte, Neulinge, Schlaue, Fürsorgliche, Technik-Freaks, Kreative, Menschen mit und ohne Migrationshintergrund, Schwule, Schüchterne, Visionäre, gesundheitlich Beeinträchtigte, Strategen, Macher und Denker – um nur einige Beispiele zu nennen. Ein gutes Team hält das aus, ja mehr noch: Es zieht Kraft aus der Unterschiedlichkeit seiner Mitglieder. Eine gute Führungskraft versteht es, die Beschäftigten möglichst entsprechend ihren Stärken einzusetzen, und auch die Kollegen untereinander schauen, dass sie sich gegenseitig in Krisenzeiten entlasten.

Unter ungünstigen Rahmenbedingungen allerdings – bei großem Stress zum Beispiel (Personalmangel, Arbeitsverdichtung) – können solche oberflächlichen Merkmale einer Person als Gründe dafür herhalten, sie auszugrenzen. Überraschenderweise ist Ausgrenzung bis hin zum Mobbing verstärkt in sozialen Bereichen anzutreffen; also bei Menschen, die sich eigentlich für das Wohl und die Belange von Schwächeren einsetzen.

Keine Lästerei!

Das ist die Mindestanforderung an alle, denen ein gutes Miteinander im Team am Herzen liegt und die Mobbing vorbeugen wollen: Bitte nicht lästern! Auch nicht ausnahmsweise oder weil der Mensch wirklich blöd ist. Es gibt ja bescheuerte Kollegen, keine Fragen. Aber bei jedem Satz, den Sie äußern, sollten Sie sich fragen, ob Sie diese Schimpftirade auch dem Kollegen oder der Kollegin ins Gesicht sagen würden. Falls nicht, sollten Sie besser schweigen.

Lästern sorgt nur im ersten Moment für gute Gefühle. Man fühlt sich eingebunden in ein soziales Netz. Es tut gut, wenn die anderen einem zustimmen, vielleicht noch eine weitere Lästergeschichte beisteuern. Man denkt dann: „Die sind auf meiner Seite". Diese Verbundenheit ist aber keine echte – morgen lästern dieselben Kollegen vielleicht mit anderen. Menschen, die viel lästern, sind erfahrungsgemäß auch oft selber Läster-Opfer. Ihre Stärke ist nur eine scheinbare.

Am besten offen ansprechen

Wenn Sie sich von der Seele reden müssen, wie bescheuert Ihre Kollegin ist, dann tun Sie's daheim. Aus gesundheitlicher Sicht ist es sinnvoll, dass Sie sich auf diese Weise entlasten. Man erträgt belastende Situationen leichter, wenn man sie verbal bei gut meinenden Menschen ablädt – aber eben besser nicht am Arbeitsplatz im Kreise der Kollegen. Noch besser wär's natürlich, Sie hätten den Mut, offen anzusprechen, was Sie stört („Nimm doch bitte morgen etwas weniger von dem intensiven Parfüm").

Wenn Sie selbst entweder schweigen oder störende Dinge offen ansprechen, stehen Sie auch besser da, wenn Sie andere Kollegen bitten, ihrerseits auf Lästereien zu verzichten. Sie können ein Signal setzen für ein besseres Teamklima, indem Sie etwa bei Lästergesprächen die Teeküche verlassen mit Worten wie: „Jetzt lasst das doch – wir wollen schließlich alle weiterhin gut zusammenarbeiten. So etwas tut uns als Team einfach nicht gut."

Natürlich kann es sein, dass daraufhin erst einmal Sie das Opfer der nächsten Lästerbemerkungen sind. Aber langfristig werden Sie sich mit dieser Haltung Respekt einhandeln, denn im Grunde weiß jeder (naja, mindestens 95 % aller Menschen), dass Lästern nicht gut fürs Klima ist.

Grüppchenbildung vermeiden

Ein Team ist selten eine richtig homogene Gruppe. Meist existieren mehrere Untergruppen, zum Beispiel die Alten, die Jungen, die Neulinge, die Altgedienten, die Modischen, die Nerds (Computerfreaks). Das ist so lange nicht schlimm, wie alle noch miteinander reden. Im Sinne des Teamklimas sollten Sie Kontakt zu möglichst vielen Mitgliedern Ihres Bereichs pflegen.

Verbringen Sie zum Beispiel Ihre Pause nicht immer mit denselben Kolleginnen oder Kollegen, sondern fragen Sie immer mal andere, ob sie mitkommen zum Mittagessen. Je besser die einzelnen Untergruppen eines Teams immer wieder vermischt werden, desto besser ist in der Regel das Klima. So können sich keine Lästergruppen bilden, und der Informationsfluss bleibt gewährleistet.

Das Fazit dieses Unterkapitels lautet:
Zeigen Sie, dass Sie von Lästereien nichts halten!

9.3 Wie Sie selbst zu einem gesunden Klima beitragen können

Einen freundlichen Umgangston pflegen

Meist sind es die kleinen Dinge, die über das Wohlbefinden am Arbeitsplatz entscheiden: Eigentlich selbstverständliche Worte wie „bitte“ oder „danke“, das morgendliche Begrüßen von Kollegen mit Blickkontakt und Namensnennung, das höfliche Aufhalten von Türen etc. – Verhaltensweisen also, die nicht viel Zeit kosten, die aber das Miteinander positiv beeinflussen.

Dabei ist Wertschätzung das beste Düngemittel fürs Klima. Wenn Sie Ihre Kolleginnen und Kollegen wirklich gern mögen, gelingt ein freundlicher Umgangston wie von selbst. Gehen Sie davon aus, dass die anderen es gut mit Ihnen meinen (und an motzigen Bemerkungen ist nur der Stress schuld). – Das erleichtert es Ihnen, selbst positiv-zugewandt zu bleiben.

Warten Sie nicht, bis Sie Ihr Gegenüber als wertschätzend und freundlich erleben nach dem Motto: „Erst einmal sollen die nett zu mir sein, dann werde ich auch nett zu denen sein“. Unter Umständen warten Sie dann ewig. Und einer muss ja den ersten Schritt machen, warum also nicht Sie? Vielleicht gibt Ihnen das auch das gute Gefühl moralischer Überlegenheit, wenn Sie sich sagen, dass Sie sich und Ihrem positiven Menschenbild samt höflichen Umgangsformen treu bleiben.

Mit der guten Stimmung bei sich selbst beginnen

Lassen Sie Ihr Lächeln für sich arbeiten: Lächeln ist ansteckend ... Wenn Sie den Anfang machen, wer weiß, vielleicht können Sie den einen oder anderen Zeitgenossen damit auftauen. Menschen, die viel lächeln, erhalten mehr Anerkennung als Trauerklöße. Aber natürlich muss das Lächeln echt sein. Also bitte keine Schauspielerei.

Fragen Sie sich stattdessen einfach jeden Morgen auf dem Weg zur Arbeit, was Ihnen heute früh schon Nettes widerfahren ist, und auf was und wen im Betrieb Sie sich freuen. Falls Ihnen rein gar nichts einfallen sollte, denken Sie einfach an etwas Schönes aus Ihrer jüngsten Vergangenheit oder in der nächsten Zukunft wie etwa: „Das Skilanglaufen am Wochenende war einfach herrlich“ oder: „Heute Abend geht's ins Kino“. Dann kommt die positive Stimmung wie von selbst.

In einem Düsseldorfer Schuhgeschäft konnte man vor Kurzem an der Kasse den Spruch lesen: „Niemand braucht Ihr Lächeln nötiger als der, der gerade keines für Sie übrig hat. Schenken Sie uns Ihres!“ Das könnte vielleicht Ihre Grundeinstellung sein, wenn Sie es mit Trauerklößen, Motzmuffeln oder Pokerfaces zu tun haben: dass diese Leute eben genau Ihr Lächeln brauchen.

Das Gruppengefühl stärken

Die eleganteste Methode, das Teamklima günstig zu beeinflussen: Sie versuchen, (positive oder neutrale) Gemeinsamkeiten zwischen Teammitgliedern zu finden und auf diese Weise das Wir-Gefühl zu stärken. Man sagt: „Sympathie schafft Ähnlichkeit, und Ähnlichkeit schafft Sympathie." Deshalb tragen Fußballfans auch gern Trikots ihrer Mannschaft – sie fühlen sich zugehörig und gemocht als Teil der Gruppe.

Erinnern Sie die anderen im Team zum Beispiel an gemeinsame Erfolge in der Vergangenheit. Lassen Sie die positiven Gefühle wieder aufleben, indem Sie die Bedeutung Einzelner hervorheben, ebenso wie das Glücksgefühl in der Gruppe. Gegenwärtige Beziehungen werden dadurch gestärkt, und die Ausgrenzung Einzelner wird unwahrscheinlicher – und das trotz wahrgenommener Unterschiede.

Auch Aktionen wie Teamentwicklungsmaßnahmen, gemeinsame Feiern oder Betriebsausflüge, Kinderfoto-Zeigetage oder Haustier-Mitbringtage können das Wohlbefinden am Arbeitsplatz verbessern und zu einem gesünderen Teamklima beitragen. Wenn solche Aktionen dokumentiert und die Ergebnisse später für alle sichtbar präsentiert werden in Form von Fotobüchern, Pinwänden, einem Beamer-Vortrag oder Ähnlichem, stärken auch sie das Gruppengefühl.

Nur positiv über andere und ihre Leistungen sprechen

Die meisten Menschen sind Profis in Sachen Fehlersuche – bei sich und bei anderen. Was schiefläuft oder Lücken hat, fällt ihnen sofort ins Auge, während Erfolge oder einwandfreies Funktionieren für selbstverständlich gehalten werden. Viele Menschen sind daher eher sparsam in Bezug auf anerkennende Äußerungen. Andererseits sehnen sich dieselben Menschen nach mehr Anerkennung.

Diese sogenannte „Loblücke", also die Kluft zwischen dem Geben und dem Empfangen von Anerkennung, zieht sich durch alle Branchen und Hierarchiestufen. Sie gilt für Ihre Führungskraft vermutlich genauso wie für Sie und Ihre Kolleginnen und Kollegen. Am besten gönnen Sie allen Menschen um sich herum einen Anerkennungsvorschuss, indem Sie Ihr Augenmerk statt auf die Fehler auf die Stärken der anderen lenken und ihnen hierfür positives Feedback spenden.

Sagen Sie deutlich und konkret, was Ihnen positiv aufgefallen ist. Je konkreter Ihre Begründung dabei ausfällt, desto weniger wird der Verdacht aufkommen, dass Sie sich einschmeicheln möchten. Berichten Sie zum Beispiel, warum es so wichtig war, dass der Kollege einen Vorgang exakt am Stichtag beendet hatte und wie der Kunde auf die fehlerfreie Spitzenleistung reagiert hat. Idealerweise finden Sie dabei auch andere Worte als immer nur „gut". „Gut" klingt leicht ausgelutscht, hat keine Aussagekraft hinsichtlich der Leistungsqualität; ähnlich wie bei dem Wort „nett" als Beschreibung für eine Person. Unser Wortschatz hält so viele weitere Formulierungen bereit ...

Wie könnten Sie es formulieren, wenn Sie einem Kollegen oder einer Kollegin für eine bestimmte (!) Leistung Anerkennung zollen möchten?

Und wenn man jemanden nicht leiden mag?

Auch wenn es paradox klingt und es einem zunächst zuwider ist: Insbesondere, wenn man jemanden nicht mag, sollte man versuchen, diesen Menschen besser kennenzulernen. Sehr häufig gelangt man nämlich dann an einen Punkt, an dem man Ähnlichkeiten zwischen dem anderen und sich selbst entdeckt. Und wie Sie oben schon lesen konnten: Ähnlichkeit schafft Sympathie ... Man lernt, den anderen besser zu verstehen. Und schon ist er einem nicht mehr ganz so zuwider.

Finden Sie positive Erklärungen für negatives Verhalten. Der Klassiker unter den Beispielen hierfür ist das Zuspätkommen: Was denken Sie, wenn dieser ungeliebte Zeitgenosse zu spät zu Ihrem Vortrag kommt? Und was denken Sie, wenn einer Ihrer Lieblingskollegen zu spät kommt? Das Verhalten ist ja dasselbe. Aber je nachdem, ob wir einen Menschen mögen oder nicht, finden wir unterschiedliche Erklärungen für Fehlverhalten.

ÜBUNG

Tipps für ein gesünderes Betriebsklima:

- Achten Sie auf einen höflichen und freundlichen Kommunikationsstil.
- Fragen Sie auch stillere Kolleginnen und Kollegen nach ihrer Meinung.
- Seien Sie großzügig mit positivem Feedback.
- Beziehen Sie bei Veranstaltungen (Betriebsfest etc.) alle mit ein.
- Informieren Sie alle so früh wie möglich (und nicht Ihre Lieblinge zuerst).
- Teilen Sie Ihre Freude und andere positive Emotionen.
- Fühlen Sie sich mitverantwortlich für die Sauberkeit in Arbeits-, Wasch- und Sozialräumen.
- Stärken Sie den Kollegen und Kolleginnen den Rücken!
- Spenden Sie Trost und erinnern Sie andere an ihre Erfolge.
- Versuchen Sie auch diejenigen näher kennenzulernen, die Ihrem Herzen bislang noch nicht so nahestehen.
- Verzeihen Sie Fehler („Hey, das kann doch mal passieren!").
- Bringen Sie dem erkälteten Kollegen aus dem Nachbarbüro doch einen Früchtetee aus der Kantine vorbei – vielleicht freut er sich.
- Schenken Sie anderen ein offenes Ohr, gerade in schwierigen Zeiten.
- Kochen Sie Kaffee oder backen Sie mal einen Kuchen für alle.

Was tun Sie schon?

Ganz sicher gibt es eine Reihe an Verhaltensweisen zur Verbesserung des Teamklimas, die Sie bisher schon an den Tag gelegt haben. Tun Sie doch mal so, als hätten Sie ein Plakat verdient: „Unser Held der Abteilung". Was wäre darauf zu lesen?

- ____________________
- ____________________
- ____________________
- ____________________
- ____________________
- ____________________

Geben Sie es sich schriftlich!

Vielleicht sind Ihnen bei der Lektüre dieses Kapitels weitere Ideen gekommen: Was möchten Sie demnächst einmal ausprobieren, um das Klima in Ihrem Team weiter in eine gesunde Richtung zu verbessern?

PLAN

1. Was plane ich? ____________________
2. Warum will ich das? ____________________
3. Bis / ab wann soll das passiert sein? ____________________
4. Wer kann mir Mut machen? ____________________

UMSETZUNG

5. Das habe ich erledigt am / seit ____________________

Das Fazit dieses Unterkapitels lautet:
Beziehen Sie möglichst alle mit ein!

Lesetipp:

Matyssek, A. K. (2011). *Wertschätzung im Betrieb. Impulse für eine gesündere Unternehmenskultur.*

10. Wenn der Chef krank macht

Sie ist für viele Stunden des Tages die wichtigste Person im Leben der meisten Angestellten: die Führungskraft. Man verbringt mit ihr mehr Zeit als mit dem Partner oder den Kindern. Und wenn das Verhältnis zu ihr gestört ist, leidet das Wohlbefinden und im Extremfall sogar die Gesundheit. Insbesondere psychosomatische Beschwerden nehmen zu.

10.1 Wertschätzungsdefizite als Krankmacher

Chefs können krank machen

Ähnlich wie bei Konflikten mit den Kollegen lassen sich auch Auseinandersetzungen mit der Führungskraft nach Feierabend nicht so einfach beiseite legen. Sie beschäftigen die Betroffenen bis in den Schlaf und können sie sogar in den Urlaub verfolgen, sodass Erholung unmöglich wird. Dass die Leistungsfähigkeit beeinträchtigt ist, versteht sich von selbst. Aber auch das Privatleben leidet. Man fühlt sich kraftlos, und das Selbstwertgefühl sinkt. Der Kasseler Professor Oliver Sträter[1] meint, die Hälfte aller durch psychische Erkrankungen entstehenden Ausfalltage stünde im Zusammenhang mit Führungsverhalten.

Viele Betroffene klagen über Wertschätzungsdefizite, die sie psychisch kränken und körperlich krank machen. Was sich für Außenstehende zunächst lächerlich anhören mag, ist inzwischen durch Studien belegt: Der Blutdruck steigt, die Anspannung ebenso; das Herz-Kreislauf-System kann langfristig Schaden nehmen. So konnte beispielsweise Professor Siegrist[2] aus Düsseldorf zeigen, dass Menschen, die finden, dass ihr Einsatz am Arbeitsplatz nicht hinreichend gewürdigt wird (in Form von Aufstieg, Image oder Lohn), ein deutlich erhöhtes Herzinfarkt-Risiko aufweisen gegenüber Menschen, die eine solche sogenannte „Gratifikationskrise“ nicht erleben.

---

1 Sträter, O. (2010): Was kostet (schlechte) Führung? In: Wissen schafft Anwendung, Transfermagazin der Universität Kassel, S. 10.

2 Siegrist, J. (1996): Soziale Krisen und Gesundheit. Göttingen: Hogrefe.

Kleine Kränkungen – große Wirkung

Oft sind es – zumindest am Anfang – kleine Dinge im Führungsverhalten, über die man sich ärgert: Der Vorgesetzt grüßt nicht, kennt den Namen nicht, informiert nur unvollständig und nimmt sich keine Zeit. Ursache hierfür ist meist nicht Bösartigkeit, sondern Zeitmangel und Stress der Führungskraft. Aber egal, woran es liegt: Als Mitarbeiter fühlt man sich durch die fehlende Aufmerksamkeit gekränkt. Man hat den Eindruck, man würde nicht als Mensch wahrgenommen, sondern auf die Funktion der Leistungserbringung reduziert.

Fortan wird man noch sensibler für mögliche Wertschätzungsdefizite. Das gilt insbesondere, wenn das Selbstwertgefühl vorher schon schwach ausgeprägt war. Ein Mensch mit einem starken Selbstwertgefühl ist beinahe immun für Kränkungen. Sogar Bemerkungen, die tatsächlich böswillig gemeint waren, können an ihm abprallen. Jemand mit einem schwachen Selbstwertgefühl hingegen hält regelrecht Ausschau nach Belegen für mangelnde Wertschätzung.

Ursache: fehlende Selbstwertschätzung

Wie Abbildung 4 zeigt, gibt es ein großes Spektrum von möglicherweise krank machendem Führungsverhalten. Ein schwaches Selbstwertgefühl ist ein fruchtbarer Boden, um hieraus tatsächliches Kränkungsempfinden entstehen zu lassen. Mögliche Folgen sind Frustration, Demotivation, Krankheit und Abwesenheit. Basis all dessen ist in der Praxis häufig fehlende Selbstwertschätzung, und zwar auf beiden Seiten: sowohl aufseiten der Führungskraft als auch des Mitarbeiters.

Das klingt zunächst paradox, ist aber psycho-logisch korrekt: Eine Führungskraft, die sich selbst nicht wertschätzt, vernachlässigt eigene Bedürfnisse; sie gönnt sich keine Pausen; sie lässt zu, dass der Stress sie vor sich her treibt. Dieser Stress ist wie ein Virus, der die Mitarbeitenden ansteckt. Eine Führungskraft mit der mangelnden Selbstfürsorge geht barsch mit ihren Mitarbeitenden um, weil sie selbst gestresst ist. Sie verliert den Blick für den einzelnen Menschen und schaut nur auf Fehler. Sie handelt quasi ohne Rücksicht auf Verluste und reduziert durch ihr kränkendes Führungsverhalten das Selbstwertgefühl ihrer Mitarbeitenden.

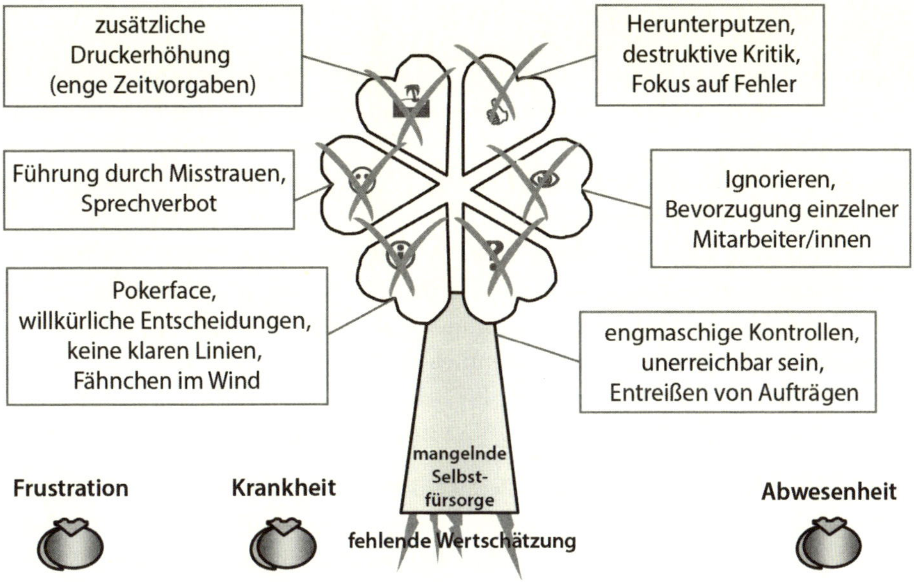

Abbildung 4: Krankmachende Führung (Übersicht). Aus: Anne Katrin Matyssek (2012): „Wenn der Chef krank macht. So schützen Sie sich und Ihre Gesundheit"

Selbstwert-rettende Sofortmaßnahmen

Wertschätzungsdefizite nagen am Selbstwertgefühl. Man beginnt, an sich selbst zu zweifeln statt am Vorgesetzten. Man fragt sich, ob man nicht gut genug ist. Wenn die Selbstwertschätzung vorher schon gering war, wird sie durch kränkendes Führungsverhalten noch weiter reduziert. Das sollten Sie in keinem Fall zulassen! Sie brauchen ein gutes Selbstwertgefühl, um in schwierigen Situationen angemessen reagieren zu können.

Als selbstwert-rettende Sofortmaßnahmen haben sich folgende Strategien bewährt:

- Erinnern Sie sich an Erfolge in Ihrer Vergangenheit!
- Tauschen Sie sich mit Kollegen aus und holen Sie sich Zuspruch!
- Holen Sie sich Ihre Wertschätzung anderswo!
- Sehen Sie die Situation als Herausforderung, an der Sie wachsen können!
- Sagen Sie sich: „Wenn er nicht motzt, begreife ich das fortan als Lob!"
- Schreiben Sie auf, was Sie ärgert. Schreiben Sie es sich von der Seele!
- Führen Sie sich vor Augen, was sonst noch wichtig ist in Ihrem Leben!

Nicht auf Anerkennung spekulieren

Legen Sie es nicht darauf an, von Ihrem Chef geliebt zu werden. Die allermeisten Menschen – und so auch Führungskräfte – sind anerkennungsgeizig. Es ist also nicht persönlich gemeint, wenn Lobesworte rar sind. Vor allem zu Beginn ihrer Karriere legen sich Menschen am Arbeitsplatz richtig ins Zeug. Sie glauben: „Leistung lohnt sich". Wenn die Anerkennung ausbleibt, erhöhen sie noch einmal die Taktzahl und treiben sich so in die Erschöpfung. Oder sie reagieren resigniert und machen ihre Arbeit ohne innere Beteiligung. Beides ist schade. Versuchen Sie, einen Zwischenweg zu finden: Ihre Arbeit sollte Ihnen (zumindest ab und zu) Freude machen, und die Anerkennung durch Ihren Chef (hoffentlich ab und zu) ist das Tüpfelchen auf dem I, aber weder Ihr Wohlbefinden noch Ihr Selbstwertgefühl sollten davon abhängig sein.

Bleiben Sie offen, auch wenn Sie kritisiert werden. Ihre Führungskraft wertet ja dabei gar nicht Sie als Person ab – sie wünscht sich lediglich Veränderungen an Ihrem Leistungsverhalten. Das hat mit Ihnen als Mensch erst einmal gar nichts zu tun. Bleiben Sie also auf der Sachebene: Was möchten Sie korrigieren? Das Problem ist nämlich: Wer sich als Person angegriffen oder beleidigt fühlt, der wird emotional reagieren; er wird sich verteidigen, vielleicht sogar laut werden – das wirkt wenig überzeugend. Auch wenn Sie anders empfinden: Tun Sie so, als hätte Ihr Chef lediglich Ihre Arbeit gemeint und nicht Sie als Person.

Das Fazit dieses Unterkapitels lautet:
Schützen Sie sich bei Wertschätzungsmangel mit selbstwert-rettenden Sofortmaßnahmen!

10.2 „Mit mir nicht!" – Raus aus der Opferrolle

Den Teufelskreis erkennen

Empfinden Sie das Verhalten einer übergeordneten Person, zum Beispiel einer Führungskraft, als unangenehm, ist die typische Reaktion: Sie ziehen sich zurück (oder: Sie kritisieren die Person, was aber viel Mut erfordert und nicht häufig anzutreffen ist). Situationen, in denen man sich unwohl fühlt, vermeidet man in Zukunft. Dies geschieht instinktiv.

Wie reagiert nun die Führungskraft? Sie entwickelt Misstrauen und kompensiert dieses durch Kontrolle. Bildlich gesprochen: Sie geht hinterher. Und sie wirkt dabei nicht gerade offen-sympathisch-interessiert, sondern eben misstrauisch-kontrollierend. Wie reagiert nun hierauf wiederum der Mensch mit dem Rückzugswunsch? Er zieht sich noch weiter zurück. Und so geht das weiter ...

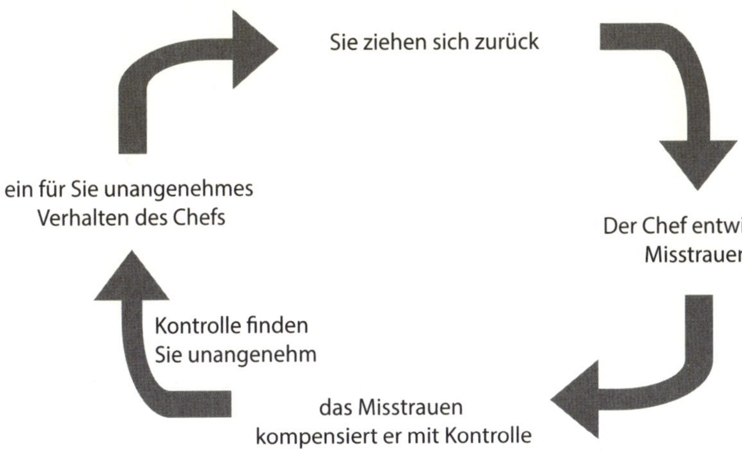

Abbildung 5: Teufelskreis, der entstehen kann, wenn Sie sich vor Ihrem Chef zurückziehen. Aus: Anne Katrin Matyssek (2012): „Wenn der Chef krank macht. So schützen Sie sich und Ihre Gesundheit"

Bewusst in Kontakt gehen

Sie ahnen schon, worauf das Aufzeigen dieses Teufelskreises abzielt: Die Empfehlung an Sie lautet, entgegen Ihren Instinkten zu handeln und sich bewusst nicht zurückzuziehen. Je öfter Sie den Kontakt zu Ihrer Führungskraft suchen, desto stärker können Sie ihr Misstrauen abbauen. Ihr Vorgesetzter kann dann nämlich erkennen, dass von Ihnen keine Gefahr ausgeht.

Gleichzeitig ist das bewusste In-Kontakt-Gehen ein wichtiger Schritt heraus aus der Opferrolle. Wer sich durch seinen Chef gekränkt fühlt, der erlebt sich als Opfer, nicht als Akteur. Um etwas an der Situation zu verändern und um im ersten Schritt das Selbstwertgefühl zu stabilisieren, ist aber es wichtig, die Opferrolle zu verlassen. In dem Moment, wo Sie freiwillig den Kontakt suchen (auch wenn Sie dazu rein gar keine Lust haben), legen Sie die Opferrolle ab und gewinnen wieder Kontrolle über das Geschehen.

Vielleicht fühlen Sie sich im Augenblick zu schwach, um von sich aus in Kontakt zu Ihrer Führungskraft zu gehen; und erst recht, um das offene Gespräch über das krank machende Führungsverhalten zu suchen. Dann sollten Sie zunächst alles daran setzen, sich selbst wieder fit zu machen. Aus einem Zustand der Kraftlosigkeit heraus kann man nicht gut agieren. Gönnen Sie sich also erst einmal eine kurze Schonzeit. Sobald Sie sich stärker fühlen, können Sie die nächsten Schritte angehen.

„Chef-freie Intervalle" schaffen

Damit nicht Ihr gesamtes Privatleben durch den Krankmacher-Chef dominiert wird, sollten Sie als eine erste Maßnahme spezielle „Über-den-Chef-Jammer-Stunden" einrichten. Also Zeiträume, in denen Sie Ihrem Partner oder Ihren Freunden erzählen dürfen, was alles heute wieder passiert ist. Und nach diesem fest definierten Zeitraum (z. B. vorm Abendessen) verlieren Sie kein Wort mehr über Ihre Führungskraft und versuchen, sich auf etwas anderes zu konzentrieren. Gönnen Sie sich auf diese Weise „chef-freie Zeiten".

Ähnlich sollten Sie es für das Wochenende (mindestens bis Sonntagnachmittag) und für den Urlaub handhaben: Verbieten Sie sich, an Ihre Führungskraft zu denken! Falls Ihre Gedanken doch dorthin abschweifen, können Sie sich durch langweilige Gedanken „bestrafen", damit Ihre Psyche kapiert: „Jetzt nicht!" – Ein Beispiel für langweilige Gedanken ist das berühmte In-17er-Schritten-bis-1000-Zählen. Oder Sie versuchen sich zu erinnern, was Sie gestern im Fernsehen gesehen haben, und was vorgestern, was vorvorgestern etc.

Danach konzentrieren Sie sich ganz auf das, was Sie jetzt, in diesem Moment, sehen, fühlen, hören, riechen können. Vielleicht möchten Sie sich zu diesem Zweck eine Tasse Kaffee kochen und sich ganz auf Ihre Wahrnehmungen einlassen. Die Konzentration auf den aktuellen Augenblick gibt Ihrem Gehirn Arbeit, die nichts mit Ihrem Chef zu tun hat. Und im Idealfall verbinden Sie damit Genussempfindungen. Die tun Ihnen sowieso gut, fördern Ihr Wohlbefinden und stärken Sie.

Sich selbst stark machen

Verschaffen Sie sich Erfolgserlebnisse in anderen Lebensbereichen. Besuchen Sie beispielsweise Fortbildungen und erwerben Sie neue Qualifikationen. Damit demonstrieren Sie sich selbst: „Ich kann etwas." Das stärkt Ihre Psyche. Auch Feedback durch andere Menschen macht Sie stärker. Gleiches gilt für das Umsetzen von Plänen, beruflich wie privat. Jedes Erfolgserlebnis erhöht Ihr Energielevel für die Auseinandersetzung mit Ihrer Führungskraft.

Falls Sie im Moment noch keine Vorstellung davon haben, auf welche Weise Sie sich stärken könnten: Beginnen Sie beim Aufräumen und Saubermachen Ihrer Wohnung, idealerweise mit Plan. Sie können ja erst einmal klein anfangen, zum Beispiel im Gäste-WC. Und morgen geht's dann weiter mit dem Schlafzimmer und so weiter. Jeden Tag setzen Sie einen kleinen Schritt Ihres Plans um, und nach jedem Schritt können Sie ein bisschen stolzer auf sich ein. Sie werden sehen, wie gut das Ihrer Psyche tut!

Sie müssen verhindern, dass Ihr gesamtes Leben durch Ihren Vorgesetzten „getränkt" ist, indem Sie ständig über ihn reden oder an ihn denken. Sie brauchen Ihre Freizeit zum Auftanken, um sich wieder stark zu machen und um auf andere Gedanken zu kommen. Ganz wichtig ist, dass Sie nicht auf schöne Dinge verzichten, sondern sich eher noch mehr davon gönnen als früher.

Hilfsmittel Empathie: mentale Krisenbewältigung

Auch wenn es Ihnen gegen den Strich geht, aber eine wichtige Bewältigungsstrategie im Umgang mit einem Krankmacher-Chef ist es, sich in ihn hineinzuversetzen. Meist ist es keine Bösartigkeit, wenn er einen barschen Ton am Leib hat oder sich immer denselben Menschen fürs Kaffeekochen herauspickt. Sie tun sich selber einen Gefallen, wenn Sie sich möglichst viele – und auch positive – Gründe für sein Verhalten überlegen, zum Beispiel:

- „Er hat selber Druck in dem Projekt."
- „Sie musste heute früh ganz nötig aufs WC, daher war sie so komisch."
- „Seine Frau will ihn verlassen."
- „Der ist bestimmt unterzuckert – so aggressiv, wie der gerade ist."
- „Ihr Sohn hat Probleme in der Schule."
- „Er hat mir den Billigauftrag gegeben, weil ich ihm zufällig über den Weg lief."
- „Seine Magenschmerzen sind wieder schlimmer geworden."

Vielleicht schaffen Sie es sogar, Mitgefühl zu empfinden. Das wäre prima, denn in dem Moment fühlen Sie sich definitiv nicht als Opfer, sondern Sie betrachten den Chef und sich von gleich zu gleich. Das ist gut fürs Selbstwertgefühl. Unter Umständen trauen Sie sich sogar, ihm Trost zu spenden oder Ihr Mitgefühl in Worte zu fassen, wie etwa: „Sie machen sich Sorgen, dass der Kunde abspringt, wenn wir erst im nächsten Monat liefern?" Wer weiß, vielleicht schüttet er Ihnen sogar sein Herz aus.

Strategien bei krank machenden Chefs

Angesichts eines Krankmacher-Chefs hat man Strategien auf vier Stufen zur Auswahl. Schauen Sie einmal, auf welcher Stufe Sie sich befinden und ob Sie die jeweils darunterliegenden Stufen bereits ausgeschöpft haben. So können Sie verhindern, dass ein möglicher Konflikt zu schnell eskaliert oder Sie zu früh die Flinte ins Korn werfen.

4. Kündigen – das sollte erst die letzte der vier Stufen im Umgang mit Ihrem Krankmacher-Chef sein. Bis dahin gibt es noch viele weitere Möglichkeiten.
3. Ins Gespräch gehen, also aktiv handeln / Widerstand leisten, zum Beispiel indem Sie sich gegen zu hohe Leistungsanforderungen abgrenzen.
2. Die Situation mental bewältigen, zum Beispiel indem Sie die Führungskraft in Gedanken klein machen, vielleicht sogar Mitleid empfinden.
1. Die Basis schlechthin für die Auseinandersetzung mit einem krank machenden Chef: Sich selbst stärken – körperlich und psychisch.

Auf allen vier Stufen macht es Sinn, sich mit Kollegen auszutauschen. Natürlich auch mit Freunden. Schleppen Sie diese Belastungen nicht alleine mit sich herum. Es entlastet viel mehr, wenn man sich Dinge von der Seele reden kann. Tagebuchschreiben kann diesen Austausch nur notdürftig ersetzen. Das Wichtigste im Umgang mit einem Krankmacher-Chef: vom passiven Opfer zum aktiv Handelnden werden!

Wer blaumacht, bleibt in der Opferrolle

Noch ein Wort zum Thema „Krank-Feiern". Das ist keine Lösung, sondern billige Rache, die nur nachteilige Folgen haben wird. Das Misstrauen der Führungskraft wird umso stärker, denn die Kontaktmöglichkeiten zwischen ihr und dem Mitarbeiter werden dadurch noch weiter reduziert. Wie Sie oben schon lesen konnten, sollte man– obwohl es einem zuwider ist – in Kontakt gehen mit dem Krankmacher-Chef. Vermeidungsverhalten dient der Aufrechterhaltung der Kränkung; die Beziehung zur Führungskraft bleibt weiterhin beeinträchtigt.

Die meisten Menschen haben ab und zu Befindlichkeitsstörungen, die ein Zuhausebleiben aus gesundheitlichen Gründen rechtfertigen würden. Aber weil sie sich den Kollegen, der Arbeit oder ihrer Führungskraft verpflichtet fühlen, gehen sie trotzdem hin. Genauso sollten Sie es auch handhaben, wenn Sie unter einer krank machenden Führungskraft leiden: Solange es irgend geht, sollten Sie versuchen, Ihren Job zu machen und ihn gut zu machen. Wer weiß, vielleicht zeigt der Chef sogar Mitgefühl, Sie können Sympathiepunkte sammeln, und er schickt Sie heim, was ganz sicher zur Verbesserung der Beziehung beitragen kann.

Sich zur Wehr setzen: Mit dem Chef ins Gespräch gehen

Auch wenn es schwerfällt: Falls die mentale Bewältigung (Stufe 2) nicht hilft, müssen Sie mutig ins Gespräch gehen. Dass Ihnen das umso leichter fallen wird, je mehr Sie sich vorher durch andere Aktivitäten und Mut machende Gedanken gestärkt haben, haben Sie ja schon gelesen. Ein Problem im Umgang mit krank machenden Führungskräften besteht ja gerade darin, dass man sich kraftlos fühlt. In einem Zustand der Kraftlosigkeit kann man aber nicht gut Gespräche führen. Sie sollten also gut darauf achten, dass Sie nicht zu viel Zeit ins Land gehen lassen, ehe Sie das Gespräch suchen.

Vielleicht können Sie sich mit einem Freund oder einer Bekannten auf die Situation vorbereiten – also zum Beispiel Argumente durchsprechen und sich zurechtlegen, wie Sie das Gespräch eröffnen wollen. Wichtig ist, dass Sie keine Vorwürfe äußern („Sie haben mich beleidigt"), sondern Ich-Aussagen und Wünsche („Mir ist wichtig, dass Sie mir neben negativem Feedback auch mal sagen, wenn Ihnen etwas gut gefallen hat" oder: „Ich wünsche mir für die Zukunft, dass wir solche Gespräche ruhig und sachlich führen").

Die meisten Chefs, die bösartig wirken, sind einfach nur unsicher. Und Sie verstecken ihre Unsicherheit hinter Aggressivität. Wenn Sie sich das immer wieder klarmachen, wird es leichter, selbstsicher und verständnisvoll aufzutreten. Vielleicht passt dann auch ein Satz zu Ihnen wie: „Sicher hatten Sie an dem Tag viel Stress – es ist ja für uns alle derzeit eine stressige Phase“. Damit signalisieren Sie, dass Sie beide menschlich betrachtet auf derselben Stufe stehen.

Das Fazit dieses Unterkapitels lautet:
Befreien Sie sich aus Ihrer Opferrolle durch Verständnis und Kontakt!

10.3 Was Sie aus Krisen lernen können

Die Kränkungsanfälligkeit reduzieren

Eine hohe Anfälligkeit für Kränkungen liegt häufig in der Kindheit begründet. Wer von klein auf viel negatives Feedback und wenig positive Zuwendung bekommt, dessen Selbstwertgefühl kann sich nicht richtig entwickeln. Der Mensch erwirbt ein chronisch dünnes Fell. Er reagiert bis ins Erwachsenenalter schnell beleidigt und hochsensibel auf potenziell abwertende Äußerungen anderer. Zum Beispiel fragt er sich oft: „Wie hat der das gemeint? Wollte er mich beleidigen?"

Die folgende Liste liefert Ihnen erste Anhaltspunkte dafür, ob Sie vielleicht besonders anfällig sind für Kränkungen (natürlich ohne Anspruch auf Vollständigkeit). Falls Sie sich bei dem einen oder anderen Punkt wiedererkennen, sollten Sie daran arbeiten, sich diesbezüglich ein dickeres Fell zuzulegen und Ihre Psyche zu stärken. Und wenn Sie sich das nächste Mal angegriffen fühlen, werfen Sie einen Blick auf die Liste und besinnen Sie sich darauf, wer Sie sind und warum Sie in Ordnung sind – unabhängig von dem Urteil anderer.

Selbstcheck: Kränkungspotenziale	☑
Hängt Ihr Wohlbefinden stark vom Lob durch Ihren Chef ab?	
Geben Sie den (unmäßigen) Wünschen anderer leicht nach?	
Fällt es Ihnen schwer, Konflikte auszuhalten?	
Fühlen Sie sich bei Kritik an Ihrer Leistung persönlich angegriffen?	
Haben Sie in Ihrem Leben viele Kränkungen einstecken müssen?	
Identifizieren Sie sich stark mit Ihrer Arbeit?	
Gibt es in Ihrem Leben nur wenig Wichtiges neben der Arbeit?	
Würden Sie sagen, dass Ihr Selbstwertgefühl eher klein ist?	
Haben Sie vor neuen Aufgaben mehr Angst als andere?	
Fühlen Sie sich stark abhängig von der Meinung anderer über Sie?	
Reagieren andere auf das Verhalten ihres Chefs anders als Sie?	
Glauben Sie, dass die meisten Menschen nur an sich denken?	

Selbstcheck: Kränkungspotenziale	☑
Waren Sie auch früher schon öfter die „beleidigte Leberwurst“?	
Haben Sie in der Vergangenheit Ärger in sich hineingefressen?	
Ist es Ihr Anspruch, sich im Job geliebt und geborgen zu fühlen?	
Neigen Sie zu Perfektionismus?	
Haben Sie mit Ihrem Chef noch „offene Rechnungen“?	

Aus: Anne Katrin Matyssek (2012):
„Wenn der Chef krank macht. So schützen Sie sich und Ihre Gesundheit“

ÜBUNG

Im Nachhinein den Sinn sehen

Oft weiß man erst im Nachhinein, wofür eine schwierige Zeit im Leben gut war. Manches scheint erst im Rückblick einen Sinn zu ergeben. Es ist ein Kennzeichen psychischer Gesundheit, wenn Sie einen roten Faden in Ihrer Biografie erkennen können und es Ihnen gelingt, auch negativen Erlebnissen eine Bedeutung zuzuweisen.

Machen Sie doch dazu einmal das Mini-Resilienztraining, das ich Ihnen im Kapitel 5 ans Herz gelegt habe. Oder – falls Ihnen das im Moment zu viel Arbeit ist: Erstellen Sie einfach eine Liste mit Krisen, die Sie in Ihrem Leben schon erlitten haben. Die Krisen notieren Sie in der linken Spalte eines quergelegten DIN-A4-Blatts. Und in die rechte Spalte schreiben Sie, was Ihnen geholfen hat, aus dieser Krise wieder herauszukommen.

Meine Krise bestand darin:	Bewältigt habe ich diese Krise so:

Dann nehmen Sie ein weiteres Blatt (oder, falls Sie noch Platz haben, fügen Sie ganz rechts eine dritte Spalte an) und notieren als Überschrift: „Aus dieser Krise habe ich Folgendes gelernt“ oder: „Dazu war diese Krise damals gut“. Auf diese Weise kommen Sie vielleicht zu Erkenntnissen, die Ihnen wohltun. Oder Sie fühlen sich mit Ihrem Schicksal ein bisschen versöhnter. Zumindest heutzutage – als Kind war das anders – sind wir nicht mehr Opfer unserer Biografie. Wir können etwas verändern.

Sie sind der Boss in Ihrem Kopf

Sie haben es schon öfter gelesen: Gedanken lassen sich beeinflussen. Deshalb fängt jede Veränderung, auch eine Krisenbewältigung, im Kopf an. Erst wenn wir im Kopf klarhaben, was wir tun können, um eine schwierige Situation zu überstehen, werden wir handlungsfähig. Sie sollten also immer wieder probieren, sich in Gedanken Mut zu machen, zum Beispiel so:

- „Ich lasse mich nicht unterkriegen."
- „Aus dieser Erfahrung kann ich etwas lernen."
- „Wer wirklich stark ist, kann Schwächen zugeben."
- „Gott wollte mich genau so haben, wie ich bin."
- „Oft weiß man erst im Nachhinein, wofür etwas gut war."
- „Ich übernehme Verantwortung für meine Gefühle."

ÜBUNG

Was tun Sie schon?

Bestimmt haben Sie schon etliche Dinge unternommen, um besser mit Ihrem kränkenden Chef fertig zu werden. Werfen Sie ruhig noch einmal einen Blick auf die vier oben genannten Stufen. Jede Aktivität, die darauf abzielt, Sie stärker zu machen, ist wertvoll, denn sie verhindert, dass Sie wegen Ihrer Führungskraft krank werden. Sie gibt Ihnen ein dickeres Fell. Auf jede einzelne dieser Aktivitäten – und seien sie noch so klein – können Sie stolz sein.

Wenn Sie mögen, können Sie hier notieren, was Sie alles schon tun, um trotz Ihrer schwierigen Führungskraft gesund zu bleiben und sich nicht unterkriegen zu lassen:

- ________________________________
- ________________________________
- ________________________________
- ________________________________
- ________________________________
- ________________________________
- ________________________________
- ________________________________

Geben Sie es sich schriftlich!

Vielleicht ist Ihnen während der Lektüre dieses Kapitels etwas in den Kopf gekommen, das Sie demnächst einmal ausprobieren möchten, zum Beispiel nach dem Abendessen nicht mehr an den Chef zu denken, die Liste mit dem Krisenbewältigungsrepertoire auszufüllen oder nächsten Dienstag ein Gespräch mit ihm zu führen, das Sie mit einer Freundin vorher durchsprechen möchten. Dann sollten Sie Ihr Vorhaben am besten schriftlich fixieren. Unterschrift drauf – und schon hat Ihr Plan deutlich bessere Umsetzungschancen, als wenn Sie ihn lediglich im Kopf fassen.

PLAN

1. Was plane ich? ____________________
2. Warum will ich das? ____________________
3. Bis / ab wann soll das passiert sein? ____________________
4. Wer kann mir Mut machen? ____________________

UMSETZUNG

Das habe ich erledigt am / seit ____________________

Das Fazit dieses Unterkapitels lautet:
Nehmen Sie sich vor, aus dieser Krise etwas zu lernen, also das Beste daraus zu machen!

Lesetipp:

Matyssek, A. K. (2012): *Wenn der Chef krank macht. So schützen Sie sich und Ihre Gesundheit.*

11. Wenn die Unternehmenskultur ungesund ist

Je nachdem, wie es um das Klima in einer Organisation bestellt ist, gehört mehr oder weniger Mut dazu, sich als überlastet zu outen bzw. sich gegen die Überlastung zur Wehr zu setzen. Viele Menschen befürchten negative Konsequenzen, wenn sie sich der Führungskraft oder den Kollegen gegenüber öffnen. Ein Vertuschen von Überforderungsgefühlen oder einer psychischen Erkrankung ist aber selten hilfreich. Und gesund ist es erst recht nicht.

11.1 Wann und wie Sie sich selbst outen sollten (und wann nicht)

Überforderung frühzeitig bekennen

Spielen Sie nicht den Helden! Wenn Sie spüren, dass Sie sich dauerhaft durch die Arbeit überfordert fühlen, ist es an der Zeit, der Führungskraft dies zu signalisieren, und zwar deutlich (nicht einfach durch einen Stöhner wie: „Mensch, ist das viel Arbeit!“). Wie man sich gegen Arbeitsüberlastungen abgrenzt und richtig „Nein“ sagt, konnten Sie bereits in Kapitel 8 lesen.

Es ist auch ein Gebot der Fairness, damit nicht zu lange zu warten. Ihre Führungskraft muss schließlich planen können und sich zum Beispiel darum kümmern, wer Ihre Arbeit übernehmen könnte. Wenn Sie so lange warten, bis Sie nur noch ein Häuflein Elend sind, können Sie keinen Nachfolger mehr einarbeiten, und Ihre Führungskraft erlebt Ihre Erkrankung als böse Überraschung. Auch das sollten Sie vermeiden.

Eine langfristige Erkrankung eines Mitarbeiters wie aus dem Nichts trägt wiederum zur Überforderung der Führungskraft bei. Sie gerät ins Rotieren, weil sie auf die Schnelle einen Ersatz finden muss, um die Produktivität weiterhin zu gewährleisten. In so einer Situation wird es ihr schwerfallen, einfühlsam auf Ihre Ausführungen einzugehen. Sie ist ja damit beschäftigt, ihre eigene Haut zu retten. Es ist daher nicht nur in Ihrem Sinne, sondern auch im Sinne Ihrer Führungskraft, wenn Sie frühzeitig äußern, dass Sie sich überfordert fühlen oder an einer psychischen Erkrankung leiden.

Es den Kollegen mitteilen

Wenn man sich überlastet fühlt oder an einer psychischen Erkrankung leidet, ist das nicht nur eine Frage zwischen einem selbst und der Führungskraft. Auch die Kolleginnen und Kollegen sind in gewisser Hinsicht betroffen: Sie müssen Mehrarbeit erledigen, bei Ausfällen einspringen, Vertretungsarbeiten übernehmen. Es wäre also angemessen, diese ebenfalls in Kenntnis zu setzen über den Gesundheitszustand oder die Überforderungsgefühle.

Eine hundertprozentige Garantie, dass Ihre Kolleginnen oder Kollegen es nicht ausnutzen, wenn sie davon erfahren, kann ich Ihnen natürlich nicht geben. Ich kenne ja Ihre Kollegen nicht. Aber nach meiner Erfahrung reagieren die meisten Menschen mit Respekt, Verständnis und Mitgefühl, sobald sich jemand outet. Viele öffnen sich daraufhin ihrerseits und berichten von eigenen Überforderungssymptomen; sie sind regelrecht erleichtert, dass jemand mal den Mut aufbringt, hierüber zu sprechen („Bin ich froh, dass ich nicht die Einzige bin, der es so geht!").

Beginnen Sie am besten mit jemandem, der Ihnen vertraut ist, den Sie schon lange kennen. Dieser Mensch kann Ihnen vielleicht auch raten, ob und wie Sie andere Kollegen informieren. In den meisten Fällen werden die Kollegen ohnehin schon gemerkt haben, dass etwas nicht stimmt – es fehlt nur noch die Erklärung dafür.

Den Kollegen einen Vertrauensvorschuss schenken?

Wenn das Klima in Ihrer Abteilung wenig offen ist und außer Ihnen noch niemals jemand über seine Überlastung oder über arbeitsbedingte Gesundheitsbeschwerden gesprochen hat, dann wäre ich an Ihrer Stelle vermutlich auch vorsichtig damit. Am besten informiert man die Kollegen, solange man sich noch einigermaßen bei Kräften fühlt: „Ihr habt's ja vielleicht mitbekommen: Mir geht's gerade nicht so gut; ich habe eine Kur beantragt und hoffe, dass ihr mich ein bisschen mitträgt, bis die bewilligt ist." So oder ähnlich könnten Sie es vielleicht formulieren. Das ist nicht zu intim, und dennoch spielen Sie mit offenen Karten. Und wenn Sie Glück haben, werden die Kollegen vielleicht tatsächlich für eine bestimmte Zeit Ihre Minderleistungen freiwillig kompensieren.

Meine Empfehlung lautet: Gehen Sie im Zweifelsfall davon aus, dass die Kolleginnen und Kollegen es gut mit Ihnen meinen. Schenken Sie ihnen quasi einen Vertrauensvorschuss. Bauen Sie darauf, dass die anderen ihr Wissen nicht gegen Sie verwenden werden. Das wäre einfach schweinisch. Es gibt solche Menschen, aber man sollte nicht davon ausgehen, dass alle so sind. Die meisten haben noch ein Gewissen und einen moralischen Anspruch.

Und da Schweigen und Verheimlichen von Überlastungssymptomen oder psychischen Erkrankungen sowieso keine Dauerlösung darstellen (die Überlastung verschwindet ja nicht von selbst), riskieren Sie im Grunde gar nicht so viel, wenn Sie den Kollegen einen Vertrauensvorschuss gewähren. Irgendwann würden die anderen ja ohnehin mitbekommen, dass Sie angeschlagen sind. Also besser jetzt schon, wo es Ihnen vielleicht (hoffentlich) noch einigermaßen gut geht.

Einer muss den Anfang machen

Den Kollegen so etwas mitzuteilen, dazu gehört ganz sicher Mut, und das Herz wird einem dabei bis zum Hals schlagen. Aber was wäre die Alternative? Einfach weniger leisten als früher, ohne Kommentar? Damit macht man sich schnell unbeliebt. Nach meiner Erfahrung sind Kollegen immer dann fair zu einem, wenn man von sich aus eine Schwäche zugibt und sich idealerweise sogar bei ihnen für die Unterstützung bedankt.

Natürlich kann es passieren, dass einzelne Kollegen ihr Wissen um die Schwäche des anderen ausnutzen und den überforderten Kollegen ins Karriereabseits drängen, sich über ihn lustig machen oder Ähnliches. Anstatt sich deswegen sofort beim Betriebsrat oder der Führungskraft zu beschweren, sollten Sie in so einem Fall bei dem Anschwärzer um Verständnis werben.

Das klingt zunächst unterwürfig, ist es aber nicht. Es geht darum, quasi Beschützerinstinkte im Kollegen zu wecken, indem Sie bewusst auf die eigene Schwäche hinweisen – in der Hoffnung, dass er sich dadurch stärker fühlt und vielleicht sogar mitfühlt oder Trost spendet. Mit dem Gefühl, in der schwächeren Position zu sein, müssen Sie dann eben leben. Sie sind in diesem Fall ja tatsächlich schwach bzw. offensichtlich schwächer als andere, die ihre Überlastung (noch) gut wegstecken – das ist kein Grund sich zu schämen. Es gehört Stärke dazu, eine Schwäche zuzugeben!

Es kann den Beginn eines Kulturwandels einläuten, wenn plötzlich ein Mensch aus dem Betrieb aufsteht und bekennt: „Ich habe einen Burnout, und ich werde demnächst für einige Wochen ausfallen." Unten können Sie lesen, wie Sie in Ihrem Betrieb für mehr psychische Gesundheit und Offenheit sorgen können – und so den Weg ebnen für ein gesünderes Klima. Wer weiß, vielleicht werden genau Sie der Wegbereiter einer neuen Unternehmenskultur (ich weiß, das ist nicht Ihr Ziel, aber vielleicht kann es Ihnen trotzdem Mut machen).

Kein öffentliches Anprangern

Man sollte niemals vor versammelter Mannschaft gegenüber der Führungskraft Sätze äußern wie: „Das Arbeitsumfeld hier macht krank". Eine solche Anklage wird nie, aber wirklich nie positive Konsequenzen haben. Die Führungskraft würde sich am Pranger fühlen; sie hätte das Bedürfnis, sich selbst bzw. die Arbeitsbedingungen zu rechtfertigen. Wer am Pranger steht, hat kein offenes Ohr. Verständnis oder echte Kommunikation sind dann unmöglich und Verbesserungen werden daraufhin garantiert nicht eingeleitet.

Es kann ja sein, dass die Arbeitsbedingungen tatsächlich katastrophal sind oder sogar gegen die Vorschriften der Berufsgenossenschaft oder Unfallkasse verstoßen. Aber selbst dann wäre es „billig", den Betrieb hinterrücks bei der Gewerbeaufsicht oder bei technischen Aufsichtspersonen anzuschwärzen. Dieser Weg ist einer für Feiglinge. Und zu denen gehören Sie bestimmt nicht.

In der Praxis ist es sehr schwer nachzuweisen, ob tatsächlich eine bestimmte Arbeitssituation die Ursache für eine Erkrankung darstellt. Bei physikalischen oder chemischen Schadreizen mag das noch möglich sein, aber bei stressbedingten Überlastungen spielen potenziell so viele unterschiedliche Faktoren (bis zum Privatleben!) eine Rolle, dass eindeutige Ursache-Wirkungs-Verhältnisse unmöglich sind. Ich wäre daher sehr vorsichtig mit Schuldvorwürfen gegenüber dem Arbeitgeber oder der Führungskraft („Der ganze Stress hier ist schuld daran").

Fair = unter vier Augen

Die einzig faire Maßnahme ist – zumindest im ersten Schritt – das Gespräch unter vier Augen. Klären Sie vorab für sich: Wollen Sie Ihren Gesprächspartner auf Missstände im Betrieb aufmerksam machen und für Maßnahmen zum Gesundheitsschutz für alle Beschäftigten plädieren? Oder wollen Sie um Verständnis für Ihre persönliche Überlastungssituation bitten sowie um Lösungen, die eine Entlastung für Sie bedeuten? Je nachdem, was Ihre Hauptmotivation ist, werden Sie ganz unterschiedlich in das Gespräch gehen. Auf offenere Ohren werden Sie vermutlich stoßen, wenn es Ihnen um Ihren Selbstschutz geht. Es ist wichtig und sinnvoll, Gesundheitsschutz und -förderung für alle Beschäftigten zu erreichen, aber das ist jetzt nicht Ihre primäre Aufgabe. Dafür gibt es andere Menschen oder Arbeitskreise in Ihrem Betrieb. Im Augenblick geht es nur um Ihre eigene Gesundheit und die Frage, wie Sie sie schützen können.

Sprechen Sie zunächst mit der direkten Führungskraft, um eine Entlastung zu erwirken. Und wenn das nichts bringt, mit der nächsthöheren Führungskraft; und wenn das nicht hilft, mit dem Betriebsrat. Und im Idealfall setzen Sie sich danach zu dritt mit Ihrem Chef und dem Betriebsrat zusammen, vielleicht kommt auch noch ein Sozialberater dazu. Und gemeinsam erarbeiten Sie dann eine Lösung. Das ist ein faires Vorgehen – transparent nach allen Seiten.

Das Fazit dieses Unterkapitels lautet:
Bleiben Sie fair – und bauen Sie darauf, dass die anderen es auch Ihnen gegenüber sind!

11.2 Wie man dem Chef mitteilt, dass die psychische Gesundheit gefährdet ist

Soll man oder soll man nicht?

Sollen Sie Ihre Führungskraft darüber informieren, dass die eigene psychische Gesundheit gefährdet oder bereits angegriffen ist? Damit wären Sie immerhin nicht allein, schließlich leidet jeder vierte deutsche Arbeitnehmer einmal in seinem Leben an einer psychischen Erkrankung; und jeder zehnte Ausfalltag geht darauf zurück. Trotzdem haben viele Beschäftigte diesbezüglich Hemmungen.

Viele betrachten es als eine Art persönliches Versagen. Nicht belastbar zu sein, den Anforderungen des Arbeitslebens nicht gewachsen zu sein: Das vor sich selber zuzugeben, ist schon schwierig genug – und nun soll man diese Schmach auch noch der Führungskraft offenbaren? Ja, lautet meine Empfehlung. Die merkt das eh.

Bauen Sie darauf, dass auf der anderen Seite des Tisches auch ein Mensch sitzt. Die allermeisten Führungskräfte wollen ihre Position gut ausfüllen. Und Sie können Ihrem Vorgesetzen die Chance dazu geben, sich quasi im Gespräch mit Ihnen zu „bewähren" und sich als guter Mensch zu zeigen.

Keine Privatangelegenheit

Manche Betroffene haben den Eindruck, dass es sich bei ihrer psychischen Erkrankung um eine Privatangelegenheit handelt. Das ist so aber nicht richtig: Psychische Erkrankungen gehen in den allermeisten Fällen mit einer Leistungsminderung einher. Man braucht länger für die Arbeit oder macht mehr Fehler. Oder die Stimmung ist so beeinträchtigt, dass man nicht gut auf Kunden eingehen kann. Damit ist niemandem gedient.

Kurzum: Wer an einer psychischen Erkrankung leidet, ist nur eingeschränkt arbeitsfähig. Jedes Weiterarbeiten und Verstecken von Symptomen kostet den Betrieb Geld. Wenn Sie schon früh gegensteuern, lässt sich damit unter Umständen ein längerfristiger Ausfall verhindern. Also macht es Sinn, den Arbeitgeber einzuweihen.

Erster Schritt: es sich selbst eingestehen

Der wichtigste und schwierigste Schritt besteht darin, dass Sie sich selbst eingestehen, an einer psychischen Erkrankung zu leiden. Das konnten Sie schon in Kapitel 2 lesen. Das kostet Mut – und genau davon hat man meist nicht viel, wenn die seelische Gesundheit gerade eingeschränkt ist. Dann sinkt gemeinerweise auch das Selbstbewusstsein.

Während einer Phase, in der die psychische Gesundheit beeinträchtig ist, hat man ein dünnes Fell. Eine Begrüßung ohne Lächeln, ein etwas seltsamer Blick eines Kollegen – schon fühlt man sich angegriffen. Wenn Sie sich diese drastisch erhöhte Empfindsamkeit eingestehen, gelingt es Ihnen vielleicht, mental gegenzusteuern und sich ein bisschen unempfindlicher zu machen. Sagen Sie sich zum Beispiel: „Es ist völlig normal, dass ich im Moment den Eindruck habe, alle wollten mir Böses."

Diese Zeit wird vorübergehen. Aber jetzt muss erst einmal die Führungskraft eingeweiht werden, auch wenn das Selbstwertgefühl deutlich reduziert ist. Umso wichtiger ist, dass Sie sich auf das Gespräch mit Ihrer Führungskraft gründlich vorbereiten.

Das Gespräch vorbereiten

Ganz alleine in das Gespräch mit dem Chef zu gehen, das erfordert viel Mut. Und gerade der fehlt ja in Zeiten geringen Selbstbewusstseins. Seien Sie nett zu sich: Auch wenn Sie ansonsten stark sind – jetzt dürfen Sie mal schwach sein und sich Unterstützung holen; für das Gespräch mit der Führungskraft, aber auch schon für die Vorbereitung darauf. Sie müssen da nicht alleine durch.

Falls es in Ihrem Unternehmen eine Sozialberatung gibt, bereiten Sie das Gespräch am besten mit dieser gemeinsam vor. Oder Sie beziehen direkt den Betriebsrat mit ein. Er wird auf Ihrer Seite stehen, solange es irgendwie geht. Vielleicht möchten Sie auch, dass ein Sozialberater oder Betriebsrat Sie ins Gespräch begleitet. Das ist völlig in Ordnung. Insbesondere, wenn Sie zu zweit kommen, sollten Sie darauf achten, dass sich Ihre Führungskraft nicht mit Vorwürfen konfrontiert sieht. Im Mittelpunkt soll vielmehr die Suche nach einer konstruktiven Lösung zum Wohle aller stehen.

Verantwortungsgefühl und Fürsorge signalisieren

Alle an diesem Gespräch Beteiligten wissen: Bei einer psychischen Erkrankung leidet nicht nur der Kranke selbst, sondern auch das Team und der Betrieb insgesamt sind betroffen. Es ist im Interesse aller, wenn die Arbeit weiterhin gut erledigt wird. Wenn Sie nun Ihre Führungskraft darüber informieren, dass Sie sich zu einer hundertprozentig zufriedenstellenden Leistungserbringung nicht mehr in der Lage sehen, dann beweisen Sie damit Verantwortungsbewusstsein und Fürsorge gegenüber allen betroffenen Instanzen, nämlich:

a. gegenüber sich selbst und der eigenen Gesundheit (Sie wollen möglichst schnell wieder gesund werden und später gesund in Rente gehen),
b. gegenüber der Führungskraft (sie ist darauf angewiesen, dass ihr Team einen guten Job macht, sonst steht sie selbst blöd da),
c. gegenüber dem Unternehmen (es ist auf eine weiterhin hohe Produktivität angewiesen; dazu braucht es gesunde, leistungsfähige Beschäftigte).

Sicherheit geben

Sie können zum Beispiel sagen: „Mir ist wichtig, dass die Arbeit in gute Hände gegeben wird und dass Sie frühzeitig planen können für die Zeit meiner Erkrankung." Signalisieren Sie Verständnis für Ihre Führungskraft. Die führt solche Gespräche auch nicht alle Tage. Womöglich fühlt sie sich sogar etwas überfordert – vor allem, wenn sie noch jung ist und über wenig Führungserfahrung verfügt.

So paradox es klingt: Versuchen Sie, Ihrer Führungskraft Sicherheit zu geben, indem Sie auf ihre Bedürfnisse eingehen, etwa so: „Sie haben ja auch ein Interesse daran, dass unser Team weiterhin so leistungsfähig ist. Da ich selbst im Augenblick leider nicht in der Lage bin, meine Aufgaben zuverlässig und fehlerfrei zu erledigen, bitte ich Sie um ..." (die vorübergehende Übertragung von einfachen Routineaufgaben, die Gewährung von Überstundenausgleich, eine Arbeitszeitverkürzung, einen Verzicht auf Nachtschichten, die Umsetzung in ein Einzelbüro etc.).

Formulieren Sie Ihre Wünsche möglichst konkret, damit Ihre Führungskraft genau versteht, was Sie wollen. Wenn Sie einfach nur sagen: „Ich habe gerade eine depressive Episode", entsteht im Hirn der Führungskraft ein großes Fragezeichen. Sie weiß nicht, was Sie von ihr wollen: Trost, Mitgefühl, Abwiegeln, Zustimmung zu dieser Aussage? Die meisten nicht-betroffenen Menschen reagieren verunsichert, wenn man sie mit dem Thema „psychische Erkrankung" konfrontiert. Je konkreter Sie Ihre Vorstellungen in Worte fassen, umso leichter ist es für Ihre Führungskraft, sich dazu zu äußern.

Besser keine Prognose abgeben

Wichtig ist der Hinweis darauf, dass es Ihnen jetzt im Augenblick nicht möglich ist, das hohe Tempo der anderen mitzugehen – dass Sie sich aber zutrauen, nach Ihrer Genesung wieder dabei zu sein. Eine psychische Erkrankung muss kein Dauerzustand sein. Allerdings sollten Sie sich nicht zu Prognosen hinreißen lassen („In sechs Wochen bin ich sicher wieder fit"), denn anders als bei den meisten körperlichen Erkrankungen erlauben psychische Erkrankungen keine zuverlässigen Vorhersagen über den Genesungsverlauf.

Wenn Sie sich zu einer Prognose hinreißen lassen – womöglich vor Erleichterung darüber, dass das Gespräch so gut läuft –, laufen Sie Gefahr, sich später unter Druck zu fühlen. Wer glaubt, dass er unbedingt schnell gesund werden muss, weil er es anderen versprochen hat, setzt sich unnötig neuen Belastungen aus. Versprechen Sie stattdessen einfach, dass Sie Ihr Bestes geben wollen, um bald wieder voll einsatzfähig zu sein. Signalisieren Sie auch, dass Sie sich jetzt schon darauf freuen, in Ihr Team zurückzukehren.

Keine Sonderbehandlung

Schön wäre, wenn Sie jetzt schon auf die Zeit nach Ihrer Rückkehr eingehen könnten (Sie merken bestimmt, dass Ihnen viele Aspekte dieses Gesprächs umso leichter fallen werden, je fitter Sie zum Zeitpunkt des Gesprächs noch sind – warten Sie also nicht mit dem Gespräch, bis Sie komplett am Ende sind!). Wünschen Sie sich, von den Kollegen und Ihrer Führungskraft möglichst völlig normal behandelt zu werden.

Wie bereits gesagt, fühlen sich viele Menschen verunsichert, sobald sie mit psychischen Erkrankungen – oder auch ehemals psychisch Erkrankten – konfrontiert werden. Sie wissen nicht, wie sie sich verhalten sollen. Im Zweifelsfall neigen viele dazu, den Betroffenen aus dem Weg zu gehen oder sie mit Samthandschuhen anzufassen. Sie bemühen sich beispielsweise, keine Kritik zu äußern, weil sie befürchten, dadurch eine neue Episode der psychischen Erkrankung auszulösen. Oder sie stellen keine Anforderungen und packen die Betroffenen in Watte.

Das ist alles wenig gesundheitsförderlich. Was ehemals psychisch erkrankte Menschen nach ihrer Rückkehr an den Arbeitsplatz brauchen, ist keine Sonderbehandlung – sondern einen ganz normalen Umgang. Ideal wäre, wenn die Kollegen in Ihrem Team sich in der Zwischenzeit durch eine Infoveranstaltung informieren würden (und damit Vorurteile abbauen könnten). Aber einfordern können Sie so etwas nicht. Sagen Sie einfach, dass Sie gern vollkommen normal wie alle anderen behandelt werden möchten.

Das Fazit dieses Unterkapitels lautet:
Formulieren Sie Ihre Wünsche konkret!

11.3 Wie Sie für mehr psychische Gesundheit und Offenheit in Ihrem Betrieb sorgen können

Immer wieder über das Thema sprechen

Für körperliche Erkrankungen haben die meisten Menschen – auch in der Arbeitswelt – Verständnis. Bei psychischen Erkrankungen hingegen zucken viele erst einmal zurück. Das Thema ist ihnen unheimlich. Sie fürchten eine Art Ansteckung und sie fühlen sich unsicher im Umgang mit den Betroffenen. Weil sie nichts falsch machen wollen, meiden sie den Kontakt – zum Schmerz der Betroffenen.

Das muss aber nicht so bleiben. Auch Sie können dazu beitragen, psychische Erkrankungen aus der „Schmuddelecke" herauszuholen, indem Sie immer wieder darüber sprechen, dass es neben der körperlichen auch eine psychische Gesundheit gibt; dass beides Schaden nehmen, dass man aber auch beides fördern kann – und dass so eine Förderung der psychischen Gesundheit dort geschieht, wo man sich am Arbeitsplatz wohl fühlt.

Es ist völlig normal, dass man nicht immer 100 Prozent geben kann. Jeder Beschäftigte ist mal mehr und mal weniger leistungsfähig. Und Krisen gehören nun mal zum Leben dazu. Die können durch äußere Ereignisse bedingt sein (wie zum Beispiel durch den Verlust eines Angehörigen), sie können durch Unfälle und körperliche Erkrankungen entstehen, und eben auch durch psychische Überforderung. Werben Sie für Verständnis im Umgang mit Kollegen, die im Moment eine schwierige Zeit durchmachen.

Besser über Gesundheit als über Krankheit reden

Die meisten Menschen tun sich leichter damit, über psychische Gesundheit als über psychische Krankheit zu sprechen. Deshalb ist auch „Resilienz" als Seminar- und Vortragsthema beliebter als „Depressionen" oder „Angststörungen": Bei Resilienz geht es darum, wie man trotz schwieriger Umstände gesund bleiben kann. Das interessiert die meisten Menschen mehr als Symptome von Erkrankungen. Es ist auch weniger bedrohlich.

Es scheint, als müsste man Menschen erst stark machen, bevor man mit ihnen über Schwächen reden kann. Das gilt für den Einzelnen genauso wie für ganze Teams. Jede Beschäftigung mit dem Thema „Gesundheit" setzt Kräfte frei. Und wenn die Kollegen sich stark genug fühlen für die Auseinandersetzung mit dem Thema „psychische Erkrankungen", dann werden entsprechende Veranstaltungen auch auf offenere Ohren stoßen. Fangen Sie also sachte an, zum Beispiel, indem Sie Vorträge oder ähnliches anregen mit dem Tenor „Gesund bleiben trotz Jobstress".

Vorträge und andere Veranstaltungen organisieren

Danach kann das Modethema Burnout nach meiner Erfahrung viele Türen öffnen. Wie Sie im ersten Kapitel gelesen haben, betrachtet es manch einer geradezu als Auszeichnung, einen Burnout zu haben – impliziert es doch, dass man sich zuvor intensiv für seine Arbeit aufgerieben hat. Burnout gilt vielen als Etikett früheren Engagements im Dienste des Betriebs. Deshalb sind entsprechende Veranstaltungen oft gut besucht.

Laden Sie externe Referenten ein, denn der Prophet gilt bekanntermaßen nichts im eigenen Land. Und falls Sie selbst einmal betroffen waren, gehört sehr viel Mut dazu, sich nicht nur diesbezüglich zu outen, sondern auch noch die Kollegen mit Informationen zu versorgen. Es wird leichter für Sie, wenn das eigentliche Referat ein externer Mensch übernimmt, zum Beispiel jemand von einer Krankenkasse. Oder Sie regen an, dass in Ihrem Betrieb ein Seminar durchgeführt wird, wie es der Bundesverband der Angehörigen psychisch Kranker (↗ http://www.BApK.de) unter dem Titel „Psychisch krank im Job" anbietet. Wenn Ihnen danach ist, können Sie im Rahmen einer solchen Veranstaltung von sich berichten. – Ganz sicher wäre das eine Bereicherung für Ihre Kolleginnen und Kollegen, aber dazu brauchen Sie halt ein starkes Rückgrat.

In der gleichnamigen Broschüre bzw. auf der Website heißt es über dieses Seminar:

> *„Das Seminar wird von professionellen Referenten gemeinsam mit Betroffenen und Angehörigen psychisch Kranker in den Betrieben durchgeführt. Die von einer Erkrankung betroffenen Menschen und die Angehörigen geben ihr Wissen, ihre gelebten Erfahrungen und ihre jahrelang erworbene Kompetenz an interessierte Unternehmen weiter. Die Rückmeldungen zeigen: Die Teilnehmer der Seminare profitieren von dem Wissen der Betroffenen und der Angehörigen. Fragen zu Krankheitsbildern, über Auswirkungen psychischer Erkrankungen auf die Arbeitssituation oder über einen stationären Aufenthalt werden genauso beantwortet wie Fragen zum Umgang mit psychisch erkrankten Kollegen oder Mitarbeitern."*

Kollegen positiv bestärken, sobald sie sich öffnen

Es gibt auch Verhaltensmöglichkeiten, die weniger Traute erfordern und trotzdem zu einem offeneren Klima beitragen. Zum Beispiel sollten Sie einen Kollegen, der den

Mut hat, von seinen Überlastungsgefühlen oder seiner eigenen psychischen Erkrankung zu sprechen, positiv bestärken: „Alle Achtung, das ist ja nicht selbstverständlich, dass du dich traust, über diese Erfahrung so offen zu reden. Respekt!"

Es versteht sich von selbst, dass Sie diesen Menschen notfalls auch in Schutz nehmen gegenüber anderen; dass Sie ihn verteidigen und bei anderen Kollegen um Verständnis für ihn werben mit Sätzen wie: „So etwas kann uns allen mal passieren, dagegen ist keiner gewappnet". Damit machen Sie deutlich: Auch psychische Erkrankungen gehören zum Leben dazu. Sie können heilen genau wie körperliche Gebrechen. Auf jeden Fall ist kollegiale Unterstützung wertvoll für die Genesung.

Zeigen Sie Ihr Missfallen, sobald jemand Witze auf Kosten psychisch Kranker macht. Allein durch Sätze wie: „Hey, hast du so etwas nötig?! Dich lustig zu machen über Menschen, denen es nicht so gut geht?!" verstummen viele Leute, die ihre Äußerungen bis dahin noch für witzig hielten.

Die Wertschätzung für alle verbessern

Sie können auch beim Bundesverband BApK die oben schon erwähnte kostenlose Broschüre bestellen „Psychisch krank im Job – was tun?" und sie an gut zugänglichen Stellen in Ihrem Betrieb auslegen. Die Broschüre ist sehr verständlich geschrieben und trägt wunderbar dazu bei, psychische Erkrankungen im Arbeitsleben aus der Tabuzone herauszuholen. Ich kann sie wirklich nur wärmstens empfehlen.

Letztlich trägt alles zu einer offeneren Kultur bei, was für Verständnis gegenüber „andersartigen" Menschen wirbt – egal ob es sich nun um psychisch Erkrankte handelt oder um Schwule, Moslems, Ausländer, Alte oder um wen auch immer. Wo Beschäftigte sich in ihrer bunten Vielfältigkeit zeigen dürfen, ist die Ausgrenzungsgefahr geringer als dort, wo der graue Anzug die Norm darstellt.

Türkische Wochen, schwäbische Tage, Kinderzeige-Freitage oder Hunde-Mitbring-Tage können dazu beitragen, dass die Unterschiedlichkeit der Kollegen als Ressource geschätzt wird. In einem englischen Unternehmen wurde zu diesem Zweck der sogenannte Nackt-Freitag eingeführt. Die Kollegen kamen in Badekleidung (oder noch weniger) an den Arbeitsplatz.

So weit würden Sie vermutlich nicht gehen, aber ich hoffe, es ist deutlich geworden, dass jeder Einzelne im Betrieb zu mehr Wertschätzung und zu einem offeneren Klima beitragen kann. Jeder kleine Schritt zählt. Weitere Anregungen – auch zu der Frage, was das Unternehmen als Ganzes tun kann – finden Sie auf der Website ↗ http://www.wertschaetzung-im-betrieb.de.

ÜBUNG

Was tun Sie schon?

Jetzt dürfen Sie zum Abschluss noch einmal stolz auf sich sein: Schreiben Sie doch mal auf, was Sie alles schon für ein gesundes Klima in Ihrem Betrieb tun! Sicher ist es eine ganze Menge. Und dann klopfen Sie sich einmal ordentlich auf die Schulter, denn Menschen wie Sie braucht die Welt. Also, Ihre Bilanz: Was tun Sie schon für ein wertschätzendes Miteinander in Ihrer Abteilung?

- ______________________________
- ______________________________
- ______________________________
- ______________________________
- ______________________________

Geben Sie es sich schriftlich!

Für den Fall, dass Ihnen durch die Lektüre dieses letzten Kapitels weitere Ideen gekommen sind, was Sie sonst noch tun könnten, so können Sie diese hier festhalten.

PLAN

1. Was plane ich? ____________________
2. Warum will ich das? ____________________
3. Bis / ab wann soll das passiert sein? ____________________
4. Wer kann mir Mut machen? ____________________

UMSETZUNG

5. Das habe ich erledigt am / seit ____________________

Das Fazit dieses Unterkapitels lautet:
Holen Sie das Thema „psychische Gesundheit" aus der Tabuzone!

Ich wünsche Ihnen von Herzen viel Freude bei Ihren Bemühungen um eine starke Psyche und um mehr Wertschätzung im Betrieb!

Herzlichst
Ihre Anne Katrin Matyssek

Lesetipp:

MATYSSEK, ANNE KATRIN (2011): *Wertschätzung im Betrieb. Impulse für eine gesündere Unternehmenskultur.*

Weiterführende Literatur

Broschüre „Psychisch krank im Job" – kostenlos als PDF downzuloaden unter: ↗ http://www.psychiatrie.de/fileadmin/redakteure/bapk/thema_job/job_praxishilfe_2011.pdf

Brüggemeier, B. (2010): *Wertschätzende Kommunikation im Business. Wie Sie die Gewaltfreie Kommunikation im Berufsalltag nutzen.* Paderborn: Junfermann.

Conen, H. (2005): *Sei gut zu dir, wir brauchen dich. Vom besseren Umgang mit sich selbst.* Frankfurt: Campus.

Lyubomirsky, S. (2008). *Glücklich sein. Warum Sie es in der Hand haben, zufrieden zu sein.* Frankfurt: Campus.

Matyssek, A. K. (2010): *Mensch, sag' doch mal Nein!* Norderstedt: BoD.

Matyssek, A. K. (2011). *Wertschätzung im Betrieb. Impulse für eine gesündere Unternehmenskultur.* Norderstedt: BoD.

Matyssek, A. K. (2012): *Wenn der Chef krank macht. So schützen Sie sich und Ihre Gesundheit.* Norderstedt: BoD.

Münchhausen, M. v. (2004): *Wo die Seele auftankt. Die besten Möglichkeiten, Ihre Ressourcen zu aktivieren.* Frankfurt: Campus.

Seligman, M. (1991): *Pessimisten küsst man nicht.* München: Droemer.

Seligman, M. (2007): *Der Glücks-Faktor. Warum Optimisten länger leben.* Bergisch-Gladbach: Lübbe.

Siegrist, J. (1996): *Soziale Krisen und Gesundheit.* Göttingen: Hogrefe.

Sträter, O. (2010): Was kostet (schlechte) Führung? In: *Wissen schafft Anwendung, Transfermagazin der Universität Kassel,* S. 10.

Unger, H.-P. & Kleinschmidt, C. (2006): *Bevor der Job krank macht. Wie uns die heutige Arbeitswelt in die seelische Erschöpfung treibt und was man dagegen tun kann.* München: Kösel.

Internet-Tipps:

↗ http://www.BApK.de (Website des Bundesverbandes der Angehörigen psychisch Kranker)

↗ http://www.wertschaetzung-im-betrieb.de